ROBERTO GÓMEZ BOLAÑOS

o diário do CHAVES

NITED PRESS

Título original: *El Diario de El Chavo del Ocho*

1ª edição: agosto de 2025

Tradução: Antonio Felipe Purcino
Revisão: João Victor Trascastro (copidesque) e Daniel Borges (provas)
Projeto gráfico: Sonia Peticov
Diagramação: Aldair Dutra de Assis
Capa: Carlos Estefan
Editor-chefe: Aldo Menezes
Editor-assistente: Fabiano Silveira Medeiros
Assistente editorial: Raquel Carvalho Pudo
Produção executiva: Felipe Pinheiro e João Carlos Almendra de Souza
Coordenador de produção: Mauro Terrengui
Impressão e acabamento: Imprensa da Fé

EDITORA HAGNOS LTDA.
Rua Geraldo Flausino Gomes, 42, conj. 41
CEP 04575-060 — São Paulo, SP
Tel.: (11) 5990-3308

E-mail: editorial@unitedpress.com.br
Home page: www.unitedpress.com.br
Editora associada à Associação Brasileira de Direitos Reprográficos (ABDR)

Dados Internacionais de Catalogação na Publicação (CIP)

Bolaños, Roberto Gómez
O diário do Chaves / Roberto Gómez Bolaños. — São Paulo: United Press, 2025

ISBN 978-85-7742-0615-0

1. Literatura mexicana 2. Chaves (Personagem fictício) I. Título

25-1916 CDD M860

Índices para catálogo sistemático:
1. Literatura mexicana

Angélica Ilacqua CRB-8/7057

Sumário

Prefácio
à edição brasileira

por Roberto Gómez Fernández, filho de Chespirito

QUANDO MEU PAI CRIOU O CHAVES e o adorável universo da Vila, nada estava realmente planejado (ainda que tudo pareça friamente calculado). Foi sua genialidade — esse dom de transformar o cotidiano em algo extraordinário — que fez com que um garoto simples, que apenas atrapalhava um vendedor de balões, acabasse se tornando um ícone da comédia latino-americana.

Se na primeira cena só tínhamos o Chaves e o Seu Madruga, algumas semanas depois outras peças dessa preciosa vizinhança foram, aos poucos, adicionadas, com personagens únicos, imperfeitos e adoráveis. Tudo muito vivo, inédito e moldado pela excelente recepção do público que acompanhava o programa semanalmente com um sorriso largo e sincero.

Durante quase vinte anos ininterruptos, a criação mais famosa de Roberto Gómez Bolaños se consolidou como um fenômeno da televisão mexicana e mundial. Quando decidiu, em 1992, que aquele menino de oito anos não ganharia mais histórias inéditas na TV, ele sentia que ainda faltava algo, uma espécie de desfecho, que viria pouco depois, em 1995: *O Diário do Chaves*.

Ao contrário da série, aqui se ousa olhar para além do barril. Somos convidados a conhecer a essência desse pequeno Chaves, suas primeiras memórias, sua forma de enxergar o mundo... Neste livro, destacam-se os elementos que batem no coração da obra: a melancolia, a ternura e a esperança.

É verdade que já vimos muitos episódios do seriado que são inspiradores e emocionantes, mas só nestas páginas conseguimos entender a perspectiva daquele menino gentil que, mesmo órfão e com fome, segue sendo otimista o suficiente para encontrar "sem querer querendo" um lugar que o acolha de coração aberto.

O bom humor, que sempre surgiu de forma natural nos textos escritos por meu pai, está presente aqui na voz e nas palavras do próprio Chaves — afinal, o diário é dele. É com ele que vamos passear por momentos novos e clássicos dos personagens que amamos nesse lugar incrível que, como diz a canção, "não vale nem um centavo, mas agrada a quem olhar".

Boa leitura!

ROBERTO GÓMEZ FERNÁNDEZ
2025

Homenagem de um fã

Por Danilo Gentili

ATÉ HOJE, QUANDO EU ENCONTRO meus amigos de infância, em nossas conversas, alguém inicia uma frase do Chaves e o outro termina. Nós costumávamos repetir memes do Chaves entre nós muitissíssimo antes de as pessoas saberem o que é um meme.

Esse é um código espontâneo que criamos para a gente desde criança e que mostra que, dentro de nós, ainda existem aqueles meninos que depois da escola assistiam Chaves enquanto almoçavam e, em seguida, iam para a rua se encontrar a fim de brincar e jogar bola.

Chaves nos conecta como amigos. Mas não é apenas isso. Chaves nos conecta com a nossa criança interior. E essas crianças quando se juntam ainda saem para brincar no pátio.

Chaves não é apenas um programa que reprisa.

Rever Chaves é como rever um amigo de infância que aparece para lembrar que as coisas, um dia, já foram mais simples e mais felizes — e, se ele ainda está lá, onde sempre esteve, então as coisas boas ainda podem ser como já foram.

É por isso que até hoje amamos saber que Chaves ainda está passando na TV.

Quando eu era criança, na escola, fiz uma peça do Chaves. Eu escrevi um episódio original, dirigi, desenhei o cenário e os figurinos, produzi e me diverti com todos os meus amigos e amigas encarnando os papéis. Era para ser um trabalho da classe, mas ficou tão legal que a escola fez eu apresentar a peça em diversos outros horários e sessões para todas as outras salas.

Eu consegui fazer isso tudo sozinho e fácil porque, modéstia à parte, eu era a maior autoridade em Chaves em todo o meu círculo social naquela época.

Eu poderia ir além dos clichês de repetir bordões — eu conhecia perfeitamente a estrutura de cada episódio que, aliás, é a mesma das melhores sitcoms: uma gag leva à outra, privilegiando o ritmo e as piadas, com arquétipos bem desenvolvidos, altamente relacionáveis e facilmente reconhecíveis.

Crescer vendo Chaves todo dia na TV foi uma das mais importantes matérias da "Faculdade de Comédia" que eu fiz. Foi isso que me possibilitou pensar facilmente no ritmo de uma rotina de stand-up comedy, na estrutura de roteiro de filme e série e na dinâmica de diálogos. Seja em dramaturgia, seja em um programa diário de talk-show noturno, o que absorvi vendo Chaves todos aqueles anos está em tudo o que faço até hoje.

Chaves é componente ativo do meu DNA de comediante.

Se Chaves me inspirou a seguir o caminho da comédia, o que eu nunca poderia imaginar é que um dia eu encontraria nesse caminho os próprios protagonistas desse mundo. Mais surpreendente ainda: quem diria que eu teria a honra de trabalhar com eles?

Um dia, ainda no extinto *Agora é Tarde*, Edgar Vivar (Senhor Barriga) apareceu para me conceder uma entrevista, e, como tudo que envolve Chaves, isso também terminou em amizade. A amizade que o Edgar deixou nesse dia não foi apenas com ele, mas com o brasileiro que o levou até o programa, o Adriano Almeida. Aliás, era o Adriano que deveria estar escrevendo este prefácio! Ele é amigo de confiança de todo o elenco e conhece histórias que ninguém mais conhece. Eu sou ansioso para um dia ler o livro que ele vai escrever sobre isso tudo! Se você hoje pode desfrutar da presença constante desses ícones no Brasil, é graças à confiança e amizade que o Adriano desenvolveu com essas lendas.

Eu sou um cara de sorte, e pude desfrutar de muitos privilégios oriundos dessas amizades, como vestir na minha própria cabeça o chapéu original do Chaves e do Seu Madruga, ter o meu aluguel cobrado pelo próprio Senhor Barriga, ter beijado a Paty (Ana Lilian de la Macorra) e ter escutado "Cale-se! Cale-se! Cale-se! Que você me deixa louco" do Carlos Villagrán (Quico) em uma cena que eu mesmo escrevi para o meu próprio filme.

Embora todos saibam que houve algumas discordâncias nos bastidores desse universo, a verdade é que a obra inspirou e inspira até hoje amizades especiais e duradouras. Todos que amam Chaves se sentem parte da mesma vizinhança, e sempre que saímos da nossa casa, ainda que algumas brigas aconteçam, ao final, nos unimos "em volta de uma fogueira" para celebrar o menino do barril, que continua morando bem no meio das nossas mais preciosas memórias.

Do fundo do barril

por João Victor Trascastro

O QUE EXISTE ALÉM DE CHAVES e toda a vizinhança? Como o personagem foi criado? Qual a dimensão desse sucesso e qual foi a jornada trilhada por essa magnífica obra até chegar ao Brasil? Ah, e claro, Roberto ou Chespirito? Bom, "as duas coisas" diria o nosso Chavinho.

Roberto Mario Gómez y Bolaños (sim, esse é o nome completo do gênio do humor latino) já escrevia roteiros para a dupla cômica Viruta e Capulina desde o início da carreira. Certa vez, o cineasta mexicano Agustín P. Delgado, diretor de alguns filmes dessa mesma dupla, avaliou os textos de Roberto de maneira tão positiva que o comparou ao dramaturgo inglês William Shakespeare, mas em tamanho menor, ou seja, um "Shakespearito" — e tal apelido foi adaptado para Chespirito pelo próprio Roberto.

Para o público, os bastidores e a própria obra se confundem. Personagens e atores, idem. A estreia do Chaves enquanto personagem e enquanto obra solo, por exemplo, sempre esbarra em detalhes importantes que muitas vezes passam despercebidos.

O GAROTO. EL CHAVO... CHAVES!

Em 1970, Roberto Gómez Bolaños escrevia, atuava e comandava um espaço já garantido na programação da Televisión Independiente de México (TV TIM). Foi lá que estreou *Los Supergenios de La Mesa Cuadrada*, uma atração em que Chespirito trazia um humor ácido, parodiando famosos programas de comentários esportivos, as "mesas redondas".

Em poucos meses no ar, Roberto trazia rostos que viriam a ser bem conhecidos do público latino. Ramón Valdés, María Antonieta de las Nieves, Rubén Aguirre e, claro, o próprio Chespirito, contracenavam em uma mesa (literalmente) quadrada, e abordavam temas diversos do cotidiano mexicano. Rubén já interpretava o Professor Girafales, mas não exatamente como conhecemos, era mais ranzinza e orgulhoso. Ao centro da mesa, o exemplo crucial de que já estávamos "em casa" era o personagem "Dr. Chespirito Chapatín". Sim, uma espécie de protótipo do nosso amado Dr. Chapatin.

Com o tempo, o programa foi se adaptando à resposta do público, o que levou à criação de quadros avulsos, de diversos personagens, como Chaveco (Chompiras), Pancada Bonaparte e Lucas Pirado (Chaparrón Bonaparte e Lucas Tañeda), além de diversos momentos de Chespirito de "cara limpa", ou seja, interpretando a si mesmo. Roberto escrevia tudo sozinho e, no dia 26 de novembro de 1970, algo diferente aconteceu: o Chapolin Colorado fez sua estreia, em uma história onde o super-herói precisa salvar uma donzela, impedindo-a de se casar com um terrível vilão que ameaça explodir o pai dela.

Como resposta a esse inesperado sucesso, a TV TIM (também conhecida como "Canal 8") dobrou o tempo do programa no ar. O próprio nome da atração mudou para *Chespirito y La Mesa Cuadrada* e, poucas semanas depois, fixou-se apenas como *Chespirito,* trazendo o nome artístico de seu criador.

Com altos índices de audiência, Roberto Gómez Bolaños não tinha muito tempo além do que já dedicava para escrever suas histórias e participar das cenas em que era também o protagonista.

No início de 1972, Rubén Aguirre recebe uma oferta de outra emissora de TV, o Telesistema Mexicano. A proposta, irrecusável, fez a engrenagem perfeita do programa de Roberto se romper repentinamente. Era necessário preencher a lacuna de um dos maiores sucessos do programa, já que o quadro do Pancada, interpretado por ele, não funcionaria sem Rubén, que fazia o Lucas.

Roberto precisou arriscar e escreveu mais um de seus vários esquetes avulsos. Dessa vez, um vendedor de balões (Ramón Valdés) seria importunado constantemente por um garoto, interpretado por Chespirito. Surgia, nessa exata cena, *El Chavo del Ocho* (O Garoto do Oito). "Ocho" pelo canal, claro, e "Chavo" por ser uma gíria para menino.

De acordo com Chespirito em entrevista concedida em 2003 para o jornalista David Estrada, "o Chaves nasceu em 1972, em março, cerca de um ano e três meses depois do Chapolin". Acontecimento que casa perfeitamente com a baixa de Rubén Aguirre no elenco e que, por coincidência, marca a guinada criativa de Roberto.

Chaves, já como seriado, estreou em 26 de fevereiro de 1973, após o Canal 8 e o Canal 2 (justamente a concorrência que desfalcou seu elenco) terem anunciado uma fusão, criando a Televisa. Além do Chavinho, o Chapolin Colorado e El Ciudadano Gómez (outra criação de Roberto) também ganharam um seriado cada, que estrearam na mesma semana. Com tanto trabalho, aproveitando os maiores sucessos que havia criado até então, Roberto decidiu encerrar o programa *Chespirito* e seguir apenas com as atrações solo.

Cada uma das três séries que estavam no ar ainda contava com quadros de outros personagens na introdução. Na gravação de uma dessas cenas, Chespirito deu um tiro em sua própria mão, com balas de festim. Machucado e incapaz de escrever, teve de recorrer a reprises do seu programa anterior, editados no formato dos seriados. Se hoje conseguimos ver alguns registros dos primórdios da vila, com direito ao Seu Madruga (Ramón Valdés) morando na casa 14 antes da criação de Dona Florinda (Florinda Meza), é graças a esse curioso acidente.

Quando retornou às gravações, Roberto desistiu de dar continuidade a *El Ciudadano Gómez* e seguiu apenas com *Chaves* e *Chapolin Colorado*. Além disso, Rubén Aguirre foi incorporado ao elenco de Chaves, interpretando o Professor Girafales. Se antes de sair do elenco o personagem vivia como boêmio e ranzinza, na nova versão era um sábio e perdidamente apaixonado por Dona Florinda.

A essa altura, o elenco estava completo, com o super comediante Chespirito como Chaves, Carlos Villagrán como Quico, Ramón Valdés como Seu Madruga, Florinda Meza como Dona Florinda, e atuações especiais de Edgar Vivar como Senhor Barriga, Angelines Fernández como Dona Clotilde — a Bruxa do 71, e María Antonieta de las Nieves como a Chiquinha.

Em 1975, Chaves passou a ser exibido nacionalmente pelo Canal 2 — e como o "Canal 8" era local, El Chavo del Ocho passou a ser somente El Chavo. "El Chavo del Dos" (O Garoto do Dois) chegou a ser cogitado, mas foi descartado. O "Ocho" se manteve como parte da obra quando Roberto, em uma brilhante saída pela tangente, fez do número a casa do personagem, como também citado neste livro.

SUCESSO ABSOLUTO

Ao longo da década de 1970, o elenco de Chaves fez diversas turnês por toda a América Latina. O Brasil, país que recebeu a obra tardiamente, não recebeu nenhuma dessas turnês, fato também motivado pela barreira do idioma. O público latino que vivia nos Estados Unidos, por exemplo, foi agraciado com apresentações em Nova York, Los Angeles e San Francisco.

Em 1974, a "escolinha" do Professor Girafales ganhava vez. Anteriormente limitada a citações nos episódios, era chegado o momento do novo cenário e de novos personagens. *O Festival da Burrice* é o episódio de estreia do Nhonho (Edgar Vivar), Pópis (Florinda Meza) e Godinez (Horácio Gómez), além das aparições de Malicha (Maria Luisa Alcalá), Elizabeth (Marta Zabaleta) e Cândida (Ángel Roldan). Além de dar maior importância para o Professor e expandir o leque de piadas, a novidade ajudava a amenizar a ausência da Chiquinha. Nessa época, María Antonieta estava fora do elenco, após ter dado à luz seu filho Gabriel e, pouco depois, receber uma proposta para apresentar um programa de auditório em outra emissora. Assim, entre outubro de 1973 e março de 1975, a Chiquinha (Chilindrina, no original) não integrava os episódios. Tudo mudou em *Chiquinha, o Terror do Cortiço*, episódio onde a personagem retorna ao seriado, com a desculpa de que estava na casa de suas tias do interior.

A saga de Acapulco, composta por três episódios, foi exibida nos dias 30 de maio, 6 de junho e 13 de junho do ano de 1977, para promover o, à época, Hotel Acapulco Continental. A estratégia de marketing muito bem aplicada também traz alguns mitos. Por muito tempo, o público brasileiro acreditou que a saga é a última participação de Carlos Villagrán, o Quico, no elenco. Uma tremenda mentira. O ator só saiu do elenco às vésperas do final da temporada de 1978, tendo sua última aparição no episódio *A Escolinha do Professor Girafales*, exibido em 11 de dezembro daquele ano. "Ah, mas e a música *Boa Noite Vizinhança*? Não seria uma homenagem de Roberto ao Carlos?" Não. Ela faz parte do álbum *Así Cantamos y Vacilamos en La Vecindad del Chavo*, que também conta com as faixas *Joven Aún* e *Qué Bonita Vecindad*, conhecidas no Brasil como *Jovem Ainda* e *Que Bonita Sua Roupa*. Lançado no mesmo 1977, o disco não conta com a participação de Carlos Villagrán, já que o ator já tinha contrato com uma gravadora concorrente.

O primeiro episódio sem a presença do Quico foi *Vamos ao Cinema?*, na estreia da sétima e última temporada do seriado solo do Chaves. Uma simples linha de diálogo entre Dona Florinda e Seu Madruga explica a situação. Na conversa a mamãe do bochechudo comenta que Quico se mudou para a casa de suas tias para ser criado bem longe da "gentalha". O episódio foi ao ar em 29 de janeiro de 1979 e foi escrito para promover *El Chanfle*, filme protagonizado pelo elenco de Chaves, roteirizado por Roberto Gómez Bolaños e dirigido por Enrique Segoviano, também diretor de *Chaves* e *Chapolin Colorado*. "Teria sido melhor ir ver *El Chanfle*" foi transformado em "Teria sido melhor ir ver o filme do Pelé", pela temática de futebol citada no episódio.

A TEMPORADA FINAL

O ano de 1979 marcou a estreia da última temporada de Chaves. Roberto Gómez Bolaños, além de ator e redator, acumulou mais uma função, substituindo Enrique Segoviano na direção do programa, encerrando a exitosa parceria iniciada em 1974. Carmen Ochoa, produtora, passou a colaborar ainda mais nos trabalhos de Chespirito.

Em relação aos personagens em cena, Pópis e Nhonho, antes limitados a pequenas participações nos episódios, passam a ganhar destaque, muito disso para cobrir a falta do Quico.

Héctor Bonilla, famoso ator de novelas da Televisa, faz uma participação especial em um episódio duplo, intitulado *Um Astro Cai na Vila*. A primeira parte desse especial é considerada perdida em todo o mundo, por não ser reprisada desde o início dos anos 1990 na América Latina. No Brasil, a primeira parte segue inédita, enquanto a segunda parte (comum em todo o mundo) conclui a participação do renomado ator e é querida por milhares de fãs.

Ramón Valdés, o Seu Madruga, deixou o elenco dos programas CH em 16 de abril de 1979. O ator optou por fazer shows cômicos com sua família em circos do continente. Em Chaves, sua última aparição foi no episódio *O cachorrinho*, que conta com as músicas *Peludinho* e *Quero que saibas*.

Com a nova ruptura no elenco, Chespirito precisou se movimentar e criar novas situações no seriado. Dona Florinda, por exemplo, ficou mais bondosa e abriu um restaurante. Paralelamente, Chiquinha ganha uma nova tutora. Em *Nasce uma Bisavó*, exibido em 24 de setembro de 1979, Dona Neves (María Antonieta de las Nieves) chega com mala e tudo mais para morar junto com sua bisneta. Assim como Edgar Vivar

(Senhor Barriga e Nhonho) e Florinda Meza (Dona Florinda e Pópis), María passa a interpretar dois personagens na mesma série. Além disso, é criado o Jaiminho (Raúl "Chato" Padilla), um carteiro de Tangamandapio que vive cansado e passa a frequentar a vila e o restaurante.

No final de 1979, perto de o seriado ser encerrado, uma última saga especial foi produzida e exibida. O episódio quádruplo *Os Hóspedes do Senhor Barriga* marca o momento em que o Senhor Barriga decide reformar a vila, e convida seus principais moradores (até o Chaves) para passar uma temporada em sua mansão. O final foi exibido em 31 de dezembro de 1979, mas ainda não era o término do programa.

O último episódio de Chaves no formato seriado foi *Antes um Tanque Funcionando que uma Lavadora Encrencada,* exibido em 7 de janeiro de 1980. Se o Chapolin Colorado teve um final preparado no episódio *A Despedida do Chapolin,* exibido em setembro de 1979, Chaves foi encerrado com mais um episódio como qualquer outro. Ainda assim, mesmo com Chaves e Chapolin tendo suas séries finalizadas, não significava que eles deixariam de aparecer na TV com aventuras inéditas.

CHESPIRITO VOLTA COM TUDO!

Em 1980, Roberto Gómez Bolaños decidiu voltar ao formato que o consagrou. Logo após encerrar Chaves, uma nova versão do programa *Chespirito* tomou seu lugar. Toda segunda-feira à noite, o público pôde rir novamente com quadros diversos e personagens fixos. Vicente Chambón (de *La Chicharra,* programa que substituiu por algumas semanas o Chapolin), Chaveco, Pancada, Dr. Chapatin, Chapolin Colorado e, claro, o Chaves passaram a dividir o mesmo horário, durante uma hora. Isso permitiu a Roberto descansar o humor físico e trazer seu texto como principal fonte de riso. Chaves, após quase 10 anos desde sua criação, voltou a ser um quadro curtinho, de menos de 15 minutos. Porém, quando Roberto queria dedicar aquele programa a um único personagem, episódios especiais ganharam vez, com longos especiais de Chaves, por exemplo. É o caso do episódio onde personagens da vizinhança vão até o consultório do Dr. Chapatin.

No ano seguinte, o retorno de Ramón Valdés em *O Regresso do Seu Madruga* — com o afetuoso abraço entre Madruga e Chiquinha — e *O Casamento do Século* — em que o Chaves sonha com o matrimônio de Dona Clotilde e Seu Madruga – empolgou o público. Mas infelizmente não tardou para que Ramón saísse novamente do elenco, e dessa vez em definitivo, por razões pessoais. Seis anos após sua última aparição em Chespirito, Ramón Valdés faleceu, em 1988, em decorrência de um câncer.

Ainda em 1982, Raúl "Chato" Padilla foi novamente escalado como Jaiminho, mas dessa vez de uma forma diferente. Ao se mudar para a vila, sendo morador da casa 23, o carteiro passou a ter funções parecidas com as de Seu Madruga. Dever aluguéis e trabalhar em diversas profissões temporárias fez o personagem deixar de evitar a fadiga. Até a Dona Clotilde passou a ficar apaixonada pelo tangamandapiano!

CHAVES E O BRASIL

Em 24 de agosto de 1984, o programa *TV Powww!*, exibido pelo SBT e apresentado naquela ocasião por Paulo Barboza, trouxe *As Aventuras de Chaves* (primeiro título de Chaves no

Brasil). Qual episódio foi exibido? Bom, *O Matador de Lagartixas*, aquele em que o Chavinho apronta todas com um estilingue, caçando... lagartixas. Por ser uma das primeiras obras dubladas, até hoje parte do público estranha algumas vozes e termos, apesar de ser o mesmo elenco de dublagem e estúdio. Mas por estar em processo inicial dos trabalhos, algumas coisinhas ainda não estavam definidas. Don Ramón era traduzido literalmente para Seu Ramón. Segundo Carlos Seidl, dublador do personagem, o nome Seu Madruga foi inventado por Marcelo Gastaldi, voz do Chaves e dono do estúdio MAGA Produções Artísticas, que via Ramón como um senhor que "madrugava na gandaia". O próprio choro da Chiquinha, o estrondoso "ué, ué, ué", começou sendo dublado com as letras do alfabeto, sendo "A, Bê, Cê...".

Após ajustes, a versão brasileira de Chaves e Chapolin Colorado se consolidou de tal forma que hoje é considerada uma das melhores já feitas na história dessa arte no país. Isso não seria possível sem o trabalho irretocável de Marcelo Gastaldi que, além de transformar Chavo em Chaves, trouxe um elenco de vozes igualmente formidáveis, escalados unicamente pelo seu feeling. Nelson Machado (Quico), Marta Volpiani (Dona Florinda e Pópis), Carlos Seidl (Seu Madruga), Sandra Mara e Cecília Lemes (ambas Chiquinha e Dona Neves), Potiguara Lopes e Osmiro Campos (ambos Professor Girafales em diferentes períodos), Mário Villela (Senhor Barriga e Nhonho), Helena Samara (Dona Clotilde), Leda Figueiró (Paty), Silton Cardoso (Godinez) e Older Cazarré (Jaiminho) são alguns dos vários talentos que presentearam o público com interpretações únicas de uma legítima versão brasileira.

O seriado fez um imenso sucesso em nosso país logo nos primeiros meses de exibição. A imprensa brasileira, porém, não hesitava em criticar o programa, considerando Chaves e Chapolin como obras "circenses demais", "pobres" e "mal feitas". Ainda assim, a TVS (hoje SBT) angariou expressivos índices de audiência. Tamanha a alegria do canal que, em 1988, o apresentador Gugu Liberato visitou a sede da Televisa, na Cidade do México, e entrevistou o elenco de Chespirito para seu programa nas noites de sábado, o *Viva a Noite*. Foi a única ocasião em que o Chaves apareceu em um conteúdo exclusivo para o público brasileiro.

Ao longo do tempo, diversos episódios se tornaram memoráveis para o público brasileiro. Além da viagem a Acapulco (ou Guarujá, dependendo da ordem do Silvio Santos na hora de dublar), outra saga amada pelos fãs é *O Festival da Boa Vizinhança* (1976), composta por quatro episódios. O segundo episódio da saga, *Um Festival de Vizinhos*, traz o início dos festejos, com o poema do *Cão arrependido* declamado pelo Chaves (ainda que o verso seja repetido 44 vezes). O episódio, que tem essa famosíssima cena, além do Quico recitando *Mamãe querida*, só é exibido no Brasil, pois não é distribuído em outros países, incluindo o México, por razões desconhecidas. Em contrapartida, a quarta e última parte da história só estreou no Brasil em 24 de janeiro de 2014, pelo SBT, quase 30 anos depois do Chaves chegar aqui.

Outra centena de episódios dos anos 1970 de Chaves e Chapolin Colorado só estreou no Brasil em 2018, após o Grupo Globo adquirir todos os episódios para exibição em ordem cronológica pelo canal pago Multishow, completando o acervo das séries clássicas em português. Isso não impediu a exibição dos episódios clássicos na TV aberta, escalonando o sucesso da obra de Roberto Gómez Bolaños a um patamar inédito no Brasil. Os dubladores clássicos da extinta MAGA foram convidados para reassumir seus papéis no material até então inédito, com exceção dos que, infelizmente, já haviam falecido.

O FIM DO PROGRAMA CHESPIRITO

Chaves continuou como quadro fixo do programa *Chespirito* até 1992. No dia 30 de setembro de 1991 foi ao ar o último esquete gravado na vila, *Chaves Não Quer Tomar Banho, remake* de *O Banho do Chaves,* do seriado dos anos 1970. Depois disso, o Chaves apareceu somente em quadros gravados na escolinha. Isso se deve ao fato de Chespirito poder focar em enquadramentos mais fechados nas câmeras do estúdio, disfarçando o peso e as marcas de expressão em cena, em uma época em que o ator já tinha mais de 60 anos. A última cena de Chaves foi em *Aula de Inglês,* exibido em 1992, enquanto o Chapolin teve seu término em *Mulher Tirana, Marido Banana,* do mesmo ano. Até o fim do programa Chespirito, em 1995, Roberto se dedicou a outros personagens, focando mais em Chaveco, Pancada e Dr. Chapatin. Sem um adeus formal, essa fase dos anos 1990 foi dublada e exibida no Brasil na virada do século, sendo mais conhecida como *Clube do Chaves.*

LEGADO

Após 25 anos no ar, Roberto Gómez Bolaños vestiu o figurino do Chaves pela última vez em 1995 para promover o lançamento original de *O Diário do Chaves,* no México.

Chespirito nunca mais vestiu aquelas calças remendadas, nunca mais calçou aqueles surrados sapatos, nem colocou mais aquele gorro em tons de verde. Mas, diariamente, milhões de pessoas ao redor do mundo e, principalmente, nós, brasileiros, vemos o maior comediante latino-americano dessa mesma forma. Um homem adulto que se esvai na figura de um menino de olhar sincero, puro, alegre e com traços de melancolia. Cheio de sonhos e ternura, feliz pelo pouco que tem, Chaves nos diverte há mais de 40 anos. E que, por mais tempo que passe, sempre terá a capacidade de nos fazer rir com as mesmas piadas e histórias de sempre.

Obrigado, Chespirito!

Apresentação do Autor

Por Roberto Gómez Bolaños

SUAS CALÇAS FOLGADAS tinham mais retalhos e remendos do que tecido original. Estavam presas de forma precária por duas tiras de pano que faziam as vezes de suspensórios, que atravessavam uma camiseta velha e desbotada, na qual também predominavam retalhos e remendos. Ele calçava um par de sapatos que evidentemente tinham sido de um adulto. Porém, o mais característico de suas roupas era o velho gorro com tapa-orelhas, que em dias frios não deveria ter sido de pouca utilidade, mas que, quando o conheci, em pleno verão, não fazia mais do que acentuar o bizarro de sua figura.

— Graxa, senhor? — perguntou ele, mostrando a caixinha de engraxate. E estive a ponto de responder que não, porque meus sapatos estavam em muito bom estado, mas de repente me veio um pressentimento, essa coisa que nos faz tomar decisões sem nenhuma razão óbvia. De maneira que respondi afirmativamente.

Eu estava sentado num desses lindos bancos de ferro fundido trabalhado que ainda existem em alguns parques da cidade. Ele se acomodou no banquinho portátil que fazia parte do seu equipamento de trabalho e começou a realizar a tarefa com um entusiasmo incomum. Então, o observei com mais atenção e, nesse instante, compreendi qual havia sido a razão do meu pressentimento: aquele menino era a encarnação perfeita da ternura.

Me deu muito trabalho começar uma conversa com ele, porque era óbvio que minhas perguntas provocavam um receio natural de quem está acostumado a receber muito pouco — quase nada, eu diria — dos outros.

— Como você se chama? — perguntei.

— Dá no mesmo, não?

— O que é que dá no mesmo?

— Dá no mesmo seja lá como eu me chame. Mas se você quer saber, todos me chamam de Chaves.

— Qual é a sua idade? — continuei.

— Minha idade são os anos que eu tenho.

— Então, quantos anos você tem?

— Oito, acho...

— Onde você nasceu?

— Não consigo me lembrar, porque eu era muito pequenininho quando nasci.

Foi aí que resolvi dar um tempo, na tentativa de que ele mesmo retomasse a conversa, mas ficou claro que sua timidez o impedia. Por isso, eu também interrompi o interrogatório.

Dei a ele uma boa gorjeta quando acabou de engraxar meus sapatos. Isso fez aparecer em seus olhos um brilho que antes esteve ausente, e ele imediatamente começou a dançar e a exclamar:

— Com isso eu posso comprar um sanduíche de presunto... ou dois... ou três...!

E, em seguida, dizendo um breve e entusiasmado "obrigado", recolheu rapidamente suas ferramentas de trabalho e foi correndo em direção à rua, onde começou a driblar o intenso trânsito de automóveis com a destreza que só os meninos de rua das cidades grandes têm. Enquanto o perdia de vista, eu ouvi as palavras que pareciam mágicas: "sanduíche de presunto"! Foi nesse momento que encontrei o caderno.

Ele o tinha esquecido num canto do banco do parque em que eu estava sentado. E era fácil supor que pertencesse ao Chaves, porque seu deplorável estado condizia com o dono. Era um caderno comum, que mostrava com toda clareza o uso contínuo a que estivera submetido. Da capa de papelão não restava mais que pequenos e irregulares pedaços manchados de graxa, poeira, suor e sabe-se lá o que mais! As folhas, algumas até incompletas, estavam enroladas nas pontas e também exibiam uma grande quantidade de manchas, das mais variadas origens; porém, nelas estava o manuscrito mais espontâneo que meus olhos já poderiam ter visto: *O Diário do Chaves.*[1]

Na primeira vez em que li o diário, senti o remorso de quem sabe que está violando a privacidade de alguém. Mas, quando li pela segunda vez, essa sensação foi se transformando numa inquietação, que depois passou ao riso, à tristeza e ao medo. Então, me convenci de que era preciso dar às pessoas a oportunidade de conhecerem esse mundo estranhamente otimista no qual pode crescer uma criança a quem falta tudo, menos aquilo que continua a ser o motor do universo: a fé.

[1]Em nenhuma parte do manuscrito estava escrita a palavra "diário", mas tomei a liberdade de chamá-lo assim, em vez de "notas", "apontamentos" ou algo do gênero, porque, apesar de não seguir uma ordem cronológica, a palavra "diário" pareceu-me mais de acordo com o tom intimista que caracteriza o conteúdo do velho caderno.

Evidentemente, o manuscrito tem uma infinidade de erros gramaticais, de sintaxe etc. Portanto, me vi obrigado a corrigi-los, mas tentando, sempre que possível, manter o sabor original. Algumas vezes, por exemplo, tive de dar forma à frase que estava ligeiramente sugerida, e em outras (muitas) tive de acrescentar ou suprimir frases e palavras. Além disso, tive de fazer uma certa reorganização dos parágrafos; porém, não modifiquei a aparente desordem com que se narram os acontecimentos ou comentários do Chaves.

CHAVES

O Diário

por Chaves do Oito

Antes eu pensava que nunca tive um pai. Mas depois meus amigos me explicaram que isso não era possível; que quem nasce é porque antes o seu pai se deitou com a sua mãe. Acontece que não conheci meu pai. Ou seja, mal ele se deitou com minha mãe e foi embora.

Minha mãe, sim, eu conheci, mas não muito. Como ela tinha que trabalhar, todos os dias me levava pra uma casa que se chamava creche, e ali eu ficava até que ela voltasse pra me pegar. O chato é que a coitada chegava muito cansada de tanto trabalhar, então, quando dizia que tinha vindo pra apanhar seu filho, perguntavam:

Qual é?

E ela respondia:

— Não sei, um desses.

Aí entregavam a criança que estivesse mais à mão. E, claro, nem sempre era a mesma criança.

Ou seja, o mais provável é que eu não seja eu.

Um dia, minha mãe não passou pra me pegar. E, nos outros dias, também não.

Dona Florinda

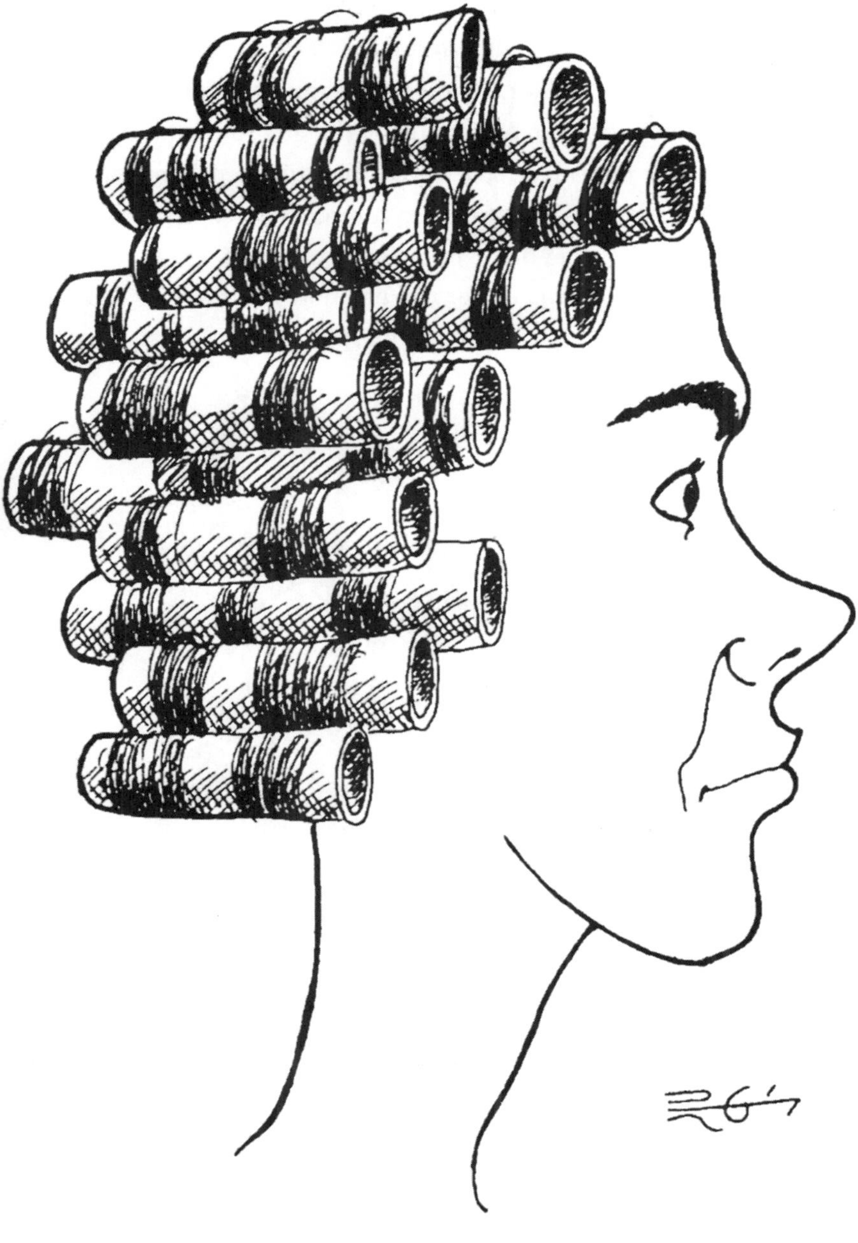

Apesar de tudo, eu gostaria sim de ter uma mãe. Há tantíssimas que não sei por que não tive a sorte de ter uma, mesmo que não fosse a melhor. Claro que tem muitas mães que têm vários filhos, mas tem outras que têm no máximo um, como é o caso da Dona Florinda. Ou seja, o Quico tem uma mãe inteirinha só pra ele e o burro se comporta mal e desobedece. Eu digo a ele pra não ser burro, pra não desperdiçar isso.

Também gostaria de ter um pai, mas não como o Seu Madruga, que é o pai da Chiquinha, porque o Seu Madruga bate muito.

Bom, a Dona Florinda também bate muito, mas não no filho... Ela só bate no Seu Madruga.

O Seu Madruga é muito burro. Dizem que os filhos puxam os pais, mas não é verdade, porque a Chiquinha não é burra. Só é igual ao pai na preguiça, por isso ela não gosta da escola.

Eu também queria ter uma tia. Ou um cachorro. Ou qualquer coisa...

LEMBRO QUE HÁ BASTANTE TEMPO me levaram pra morar numa casa que era um orfanato, onde todas as crianças eram órfãs.

A principal responsável de lá era a Senhora Martina, que estava sempre de mau humor e batia em todas as crianças. Uma vez, ela até tirou sangue do meu nariz e depois se irritou porque minha roupa ficou manchada, e em seguida me castigou me deixando um dia sem comer. Desde então, tive muito cuidado pra que não saísse mais sangue do meu nariz, e a única vez que falhei foi um dia em que tropecei e dei de cara com um degrau que tinha lá. Mas a Senhora Martina não chegou a perceber, porque fui rapidamente à lavanderia e lavei minha roupa. A única coisa chata foi que tive que botar a mesma roupa de novo, que ainda estava molhada. Então ela me perguntou por que minha roupa estava molhada, e eu disse que tinha chovido em mim, mas ela falou que eu era um mentiroso, porque fazia dois meses que não chovia.

Aí ela me castigou com outro dia sem comer.

No orfanato tinha um menino maior do que eu, chamado Cente (que era apelido de Vicente), que era meu melhor amigo.

O ruim do Cente é que vivia doente.

E foi assim até que ele morreu.

ÀS VEZES, UMAS SENHORAS IAM ao orfanato pra ver as crianças. Depois, escolhiam as que mais gostavam e as levavam pra morar com elas. Eu tinha muita vontade que me escolhessem, mas sempre escolhiam as mais bonitas; ou seja, nunca saí. Eu era tão feio que, quando a gente brincava de esconde-esconde, os outros meninos preferiam perder o jogo a me encontrar.

Depois, conforme o tempo passava e a Senhora Martina batia cada vez mais na gente, pensei que o melhor seria fugir do orfanato. Mas nunca pensei em como fazer isso. É porque eu era burro e, portanto, me faltava imaginação pra ter boas ideias.

Então, tive dois motivos pra ficar triste. Um, por não poder fugir; e dois, por perceber como eu era burro.

Um dia, fiquei tão triste que comecei a chorar. A Senhora Martina me perguntou por que eu estava chorando. Não tive outro remédio senão confessar que queria fugir dali. Então ela me disse:

— Se tivesse falado antes... — E abriu a porta.

Caminhei por um montão de ruas que eu não conhecia. Não eram ruas muito bonitas, como as que aparecem nos filmes da televisão; mas também não eram muito feias, como outras que também aparecem na televisão.

Mas o pior de tudo era a fome que eu tinha. Porque nada nesta vida é mais importante do que comer.

Por isso, entrei no mercado, onde havia muitississímas coisas de comer. O chato é que eu não tinha dinheiro pra comprar aquelas coisas. Então pensei em roubar algo, mas me lembrei que era pecado roubar as coisas, principalmente quando elas já têm dono. Foi por isso que pedi que me dessem algo, e uma senhora me deu de presente duas cenouras. Mas o melhor foi no dia seguinte, quando um senhor me deu um sanduíche de presunto. Não deve existir nada mais gostoso nesta vida!

Tinha outro senhor que também era muito bom e me deixava dormir nos carros que ele tomava conta de noite. Em troca, eu tinha que carregar baldes de água pra que ele pudesse lavar os carros. Mas o senhor era tão bom que não só me convidava pra dormir nos carros, como também, às vezes, convidava algumas moças e ainda ficava fazendo companhia pra elas.

UM DIA CHEGUEI CAMINHANDO até um beco bem escuro e comecei a sentir medo. Então, andei mais depressa, mas a única coisa que consegui foi chegar em outro beco mais escuro, e senti mais medo. Continuei correndo até que fui parar em um lugar que tinha um pouco de luz. Era um tipo de terreno baldio, onde tinha muito lixo e muitas sobras. Também tinha cachorros procurando coisas no lixo.

E tinha crianças. Eram uns oito ou nove meninos. Quase todos mais velhos do que eu, menos dois, que eram mais novos, vai saber.

O mais velho era o Maneta. Depois me explicaram que o chamavam assim porque fazia tempo que tinham cortado uma das mãos dele. Ou seja, tiveram que cortar porque ela tinha infeccionado. Mas ainda sobrava a outra, com a qual ele batia mais forte que todos. Por isso, todo mundo obedecia a ele.

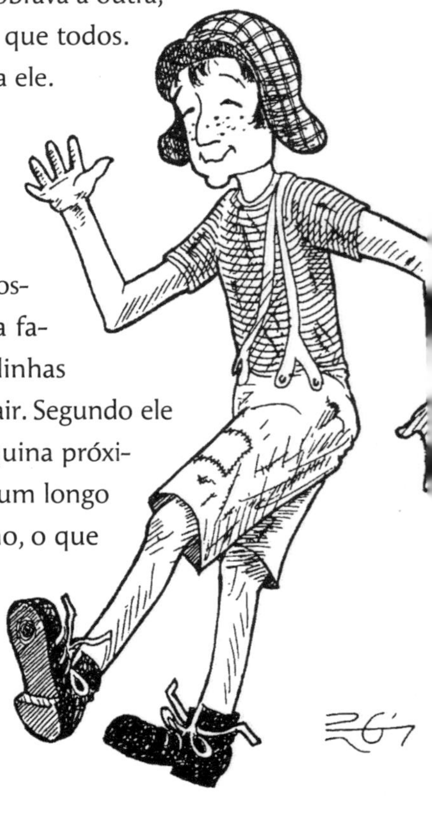

Quando me aproximei deles, a primeira coisa que me chamou a atenção foi que um dos meninos estava pintando o rosto. Aquele era o Pina. Ele sabia fazer um truque de jogar três bolinhas pro alto sem deixar nenhuma cair. Segundo ele me contou, fazia isso numa esquina próxima de um semáforo que ficava um longo tempo estacionado no vermelho, o que fazia com que os carros ficassem parados um tempão. Aí ele e outro menino jogavam bolinhas pro alto, pra depois ganhar uns trocados. O outro menino se chamava Coelho, mas aquele não sabia fazer malabarismo com bolinhas. O que o Coelho fazia era se agachar pra que o Pina subisse nele, pois assim era mais fácil pros motoristas verem ele jogando as bolinhas.

Eu queria perguntar mais coisas, mas naquela hora o Maneta mandou que o Pina terminasse logo de pintar a cara. O Pina fez o que ele disse e logo saiu dali com o Coelho. Quer dizer, foram pra esquina onde tinha o tal semáforo.

Os outros meninos não falavam quase nada e nem sequer perguntaram quem eu era ou de onde vinha. Uns ficavam só me olhando, outros diziam coisas que eu não entendia. Não sei por que, mas passei a ficar com mais medo. Um pouco depois, o Maneta começou a fumar e em seguida passou o cigarro pro menino que estava do lado dele. Ele deu apenas uma tragada e passou adiante. Os outros fizeram o mesmo, até que o cigarro chegou em mim. Então, também dei uma tragada, mas tive muitíssima tosse.

Uns começaram a rir de mim, enquanto outros me olhavam como se quisessem fazer alguma pergunta. Mas não me perguntaram nada, só me tiraram o cigarro.

Eles também tinham uma bolsa de plástico com uma coisa dentro; algo que cheirava como as oficinas mecânicas onde se pintam carros. Mas eu não tive muito tempo pra cheirar, porque naquele momento chegou o

Pina dizendo que o Coelho havia batido as botas. Enfim, disse que o Coelho estava morto, e aí todos saíram correndo.

Fui o último a chegar, mas também vi o Coelho lá no asfalto, sem se mover e coberto de sangue. Mas não quis chegar muito perto, porque comecei a sentir uma coisa muito estranha; quer dizer, como se eu estivesse com vontade de vomitar. Mas vomitar o que, se eu não tinha comido nada?

O Pina também não se aproximou demais. Talvez porque não quisesse que os outros percebessem que estava chorando. Se bem que não dava pra notar tanto, porque as lágrimas pareciam fazer parte da pintura que ele tinha no rosto.

Foi aí que me deu uma vontade doida de sair correndo. E foi isso que eu fiz: corri e corri, sem parar pra nada.

Nunca mais voltei a ver aqueles meninos. Quer dizer, sim, voltei a vê-los, mas só em sonhos. E sempre que isso acontece, eu acordo ofegante e como se estivesse com muito frio.

UM DIA, ESTAVA PASSANDO por outra rua que não conhecia, quando começou a chover muito. Aí entrei numa vila. E desde então é lá que eu moro.

Primeiro, fiquei na casa número 8, onde vivia uma senhora bem velhinha, que me disse que eu parecia demais com um neto que ela teve.

Aquela velhinha do 8 tinha mãos que tremiam bastante, o que não deixava ela fazer um monte de coisas. Por isso, eu a ajudava.

Mas ela sempre dizia:

— Deus há de realizar o milagre de, ao menos uma vez, fazer minhas mãos pararem de tremer.

Até que um dia cheguei em casa e percebi que suas mãos não tremiam mais, e ela estava toda quietinha, quietinha.

Acho que no dia seguinte a enterraram.

Pouco depois apareceu outra pessoa pra ocupar a casa 8 e tive que sair de lá. Porém, como eu já tinha vários amigos na vizinhança, cada dia me convidavam pra dormir em uma casa, e depois em outra. E é assim até hoje, porque não é verdade isso de que que moro dentro de um barril, como alguns dizem. O que acontece é que me escondo no barril quando não quero que percebam que estou chorando. E também quando não quero ver ninguém. Ou quando tenho muita coisa pra pensar.

De qualquer jeito, as pessoas se acostumaram a me chamar de Chaves do Oito,[2] e é assim que me chamam até hoje.

[2]No espanhol, idioma original da publicação, "El Chavo del Ocho" significa "o garoto do oito". (N. do T.)

Professor Girafales

A CHIQUINHA DISSE que o Professor Girafales está apaixonado pela Dona Florinda, e que, por isso, quando está diante dela, os olhos dele ficam parecendo com os de um boi doente.

E disse que a Dona Florinda também está apaixonada pelo Professor Girafales, que dá pra ver isso porque ela fica rindo como uma boboca toda vez que o Professor vai à vizinhança, o que acontece quase todos os dias.

A Dona Florinda o recebe dizendo sempre a mesma coisa:

— Professor Girafales!

E o Professor também responde sempre o mesmo:

— Dona Florinda!

— Que milagre o senhor por aqui! — diz ela.

— Vim lhe trazer este humilde presente — ele fala, entregando um buquê de flores que também parece ser sempre o mesmo.

— São lindas — diz ela. — Não quer entrar para tomar uma xícara de café?

— Não seria muito incômodo?

— Mas é claro que não! Queira entrar!

— Depois da senhora.

Então, os dois entram na casa da Dona Florinda.

Mas ninguém sabe o que tanto eles fazem lá dentro.

QUICO TAMBÉM É ÓRFÃO. Só que não tanto quanto eu, porque ele sim tem uma mãe, que é a Dona Florinda; a única coisa que falta pra ele é um pai.

Segundo a Dona Florinda, o que aconteceu foi que o marido morreu quando o Quico começava a pronunciar suas primeiras palavras, ou, como disse a Chiquinha:

— Quando o Quico começava a dizer suas primeiras bobagens.

Nessa época, o pai do Quico trabalhava como marinheiro, mas a Dona Florinda falou que Dom Frederico (esse era o nome do pai do Quico) não era apenas marinheiro, mas também capitão do navio, e que, por isso, eles tinham mais dinheiro que o Senhor Barriga.

Daí o Nhonho disse que isso era mentira, já que o pai dele é o dono da vila inteirinha. Mas a Dona Florinda disse que sim, que eles eram riquíssimos, e que o que aconteceu foi que, depois de ficar viúva, ela não conseguiu bons empregos, e, portanto, foi tendo cada vez menos dinheiro.

Ou seja, agora não tem outro jeito, senão conviver com a gentalha, que somos eu, a Chiquinha e todos os outros.

Tempos depois, nos demos conta de que talvez fosse verdade o que dizia a Dona Florinda, pois um dia ela nos mostrou uma fotografia do Dom Frederico, e vimos que ele realmente usava um uniforme branco muito bonito.

Mas o uniforme era a única coisa bonita, porque o homem era muito feio. Basta dizer que era idêntico ao Quico! Ou seja: a mesma cara de lua cheia, só que com bigodes. Mas ele tinha o mesmo olhar de peixe morto e as mesmas bochechas de buldogue velho.

O mais triste foi quando descobrimos como morreu o pai do Quico, porque o que aconteceu foi que o navio dele afundou, e ele morreu afogado ou comido por um tubarão.

NA ESCOLA, O PROFESSOR brigou comigo por tê-lo chamado de Mestre Linguiça em vez de Professor Girafales. Mas é que me escapuliu, pois todos ficaram calados enquanto eu dizia isso. Quer dizer, foi sem querer querendo.

Seja como for, ele me deixou sem recreio. Ninguém tem paciência comigo. Mas, depois, na hora da saída, ficamos todos tentando lembrar os diferentes apelidos que tínhamos colocado no Professor Girafales, e até fizemos uma lista que é a seguinte:

Mestre Linguiça

Trilho em pé

Tobogã de salto alto

Mangueira de bombeiro

Encanamento de um quilômetro

Pau de sebo

Vara com pés

Intestino desenrolado

Poste de linha telefônica

Espaguete cru

Sinal vermelho (porque o vermelho é o que fica no alto)

Coluna da Independência.[3]

E outros que não conseguimos lembrar.

Mas o melhor apelido de todos continua sendo Mestre Linguiça.

[3]Monumento de 36 metros de altura localizado na Cidade do México, chamado "El Ángel de la Independencia". (N. do T.)

Senhor Barriga

O SENHOR BARRIGA é o homem mais rico do mundo, porque é dono da vila inteirinha. Ou seja, todos que moram ali têm que pagar pra ele um aluguel todo mês. Bom, todos menos o Seu Madruga, que não paga nunca. E isso também acontece com Jaiminho, o Carteiro. Mas os demais eu acho que pagam, sim.

Por isso, o Senhor Barriga tem muitissíssimo dinheiro, que faz com que possa comprar quanta comida quiser. E é também por isso que ele é o homem mais gordo do mundo.

Aliás, um dia, o Professor Girafales nos explicou que a palavra "epidemia" significa que um monte de pessoas estão doentes por causa da mesma doença. Ou seja, a doença é muito grande e muito espalhada. Por isso, eu acho que quando o Senhor Barriga fica com dor de estômago, é como se a doença ficasse toda pra ele.

Mas um dia o Senhor Barriga vai ter que se conformar em ser o segundo homem mais gordo do mundo. Quem vai lhe tirar o título de campeão é o seu filho Nhonho, que vive comendo.

OUTRO DIA, O NHONHO levou pra escola três sanduíches de presunto e não me ofereceu nenhum. Por isso, tive que quebrar tudo aquilo que ele chama de cara.

O chato é que o Nhonho se queixou com seu pai, e o pai dele reclamou pro Professor Girafales. Então o Professor me disse que o que eu havia feito tinha sido muito errado. Mas não é verdade, porque eu quebrei a cara dele certinho. E se não acreditam, perguntem pro Godinez.

Mesmo assim, o Professor me castigou tirando o meu recreio.

Mas, como o Professor Girafales passou o tempo todo conversando comigo, também ficou sem recreio. Ou seja, ele mesmo se castigou, porque se deu conta de que também merecia um castigo por ter me castigado.

Enquanto conversamos durante o recreio, o Professor Girafales me disse que os meninos bons nunca batem nos outros. Ou seja, eu sou um menino mau.

Às vezes, tenho vontade de ser um menino bom, mas aí chega o Nhonho e bota tudo a perder. É porque ele leva coisas de comer pra escola e não me oferece. Isso me dá raiva e não tenho outra saída senão bater nele. Outro que não me deixa ser um menino bom é o Quico, porque tem muitos brinquedos e não me empresta nenhum. Ou seja, também tenho que bater nele.

Por outro lado, nunca bato no Godinez, porque ele sempre responde batendo mais forte. Bom, uma vez, sim, me irritei muito com ele e tivemos uma briga feia. Eu fiquei com o nariz todo ensanguentado, mas o Godinez também não saiu limpo, porque salpiquei ele com meu sangue.

Muitas vezes também me dá vontade de bater na Chiquinha, mas nas mulheres nunca se deve bater. Mas elas sim podem bater nos homens. E se não acreditam, perguntem ao Seu Madruga, que sempre tem que aguentar os tapas que leva da Dona Florinda.

Aliás, uma vez o Seu Madruga me disse que gostaria que a Dona Florinda fosse homem pra ele poder revidar, mas eu falei pra ele que era melhor que não fosse, porque ela sendo mulher já batia muito nele. Se fosse homem, então, já o teria mandado pro cemitério.

NA ESCOLA, estudamos os animais.

A diferença entre os animais e as coisas é que os animais são seres vivos (menos quando já estão mortos).

E a diferença entre os animais e as plantas é que os animais não ficam parados num mesmo lugar, e sim mudam de lugar caminhando, nadando ou voando. Já entre as plantas, as únicas que caminham são as plantas dos pés.

Também tem diferenças entre os animais. Por exemplo: tem uns que saem de um ovo e outros que saem de uma mãe. Os que saem de uma mãe são mamíferos (pois se saíssem de um pai se chamariam "papíferos"). E os que saem de um ovo se chamam pintos.

Nunca devemos nos esquecer que os animais são muito úteis pra nós, pois há animais que servem pro trabalho e outros que servem pra gente comer.

De todos os animais, o mais útil é a vaca, pois além de ser comestível, também nos dá seu leite. Bom, é o que dizem, mas na verdade a vaca não nos dá o seu leite: é preciso tirar dela. Mas, fora isso, as vacas têm um couro que serve pra fazer as solas dos sapatos. E esse mesmo couro serve pra envolver a vaca. Ou seja: pra que ela não se esparrame.

O esterco serve pra que as vacas saibam o que fazem.

O marido da vaca chama-se touro, e é usado nas corridas de touros. Mas, fora isso, os touros não servem pra mais nada, pois não dão leite nem são comestíveis, já que sua carne é muito dura pra que alguém possa mastigá-la com prazer. Os touros só voltam a ser úteis quando perdem a inteligência, porque aí se transformam em bois e são colocados pra puxar arado.

Os animais mais bonitos são os cachorros. E também os mais inteligentes, porque aprendem a fazer muitas coisas.

Se você quer ensinar alguma coisa a um cachorro, o primeiro passo é saber mais do que o cachorro.

Mas também tem alguns truques que ajudam, como dar uma comidinha toda vez que ele fizer bem alguma coisa. Por exemplo, você joga a bola bem longe e, depois, manda ele trazer de volta. Aí, se ele trouxer a bola, você dá um pouquinho de comida pra ele. Só que se ele não trouxer, você pega a bola e não dá nada pra ele. Ou seja, é melhor que ele não traga, porque assim você pode comer o que ia dar pro cachorro.

De todos os animais, os porcos são os mais sujos, mas, por dentro, são muito saborosos.

Os que têm corcunda se chamam camelos. A Pópis disse que o camelo fez sua própria corcunda porque tentaram passá-lo pelo buraco de uma agulha.

As girafas são os animais que têm o pescoço mais comprido. Ainda bem que são assim, porque se não tivessem um pescoço tão comprido, a cabeça ficaria flutuando no ar.

Outro animal muito bonito é o cavalo. Os cavalos também são muito úteis, porque podem ser usados pra montarias, pra puxar carroças, pra carregar coisas etc.

O Professor Girafales disse que os primeiros a usarem cavalos foram os chineses, mas a Chiquinha falou que não, que antes deles as éguas já os usavam.

Hoje, voltamos a estudar os animais.

O Professor Girafales nos explicou que os animais que comem carne são carnívoros; os que comem frutas são frugívoros; os que comem insetos são insetívoros e assim por diante.

Então o Quico disse que os que comem bolo são bolívoros e os que comem maria-mole são mariamolívoros.

Aí o Professor Girafales chamou a atenção do Quico por ter dito isso.

Em seguida, perguntou quais eram os animais que comiam de tudo, e respondi que aqueles que comiam de tudo são os ricos.

QUANDO O SENHOR BARRIGA chega pra cobrar o aluguel, o Seu Madruga fica tão nervoso que se enrola quando fala. Por exemplo, em vez de dizer "Tenha paciência, Senhor Barriga", diz "Tenha barriga, Senhor Paciência". E também fala: "Você tem toda barriga, Senhor Razão". E, ainda: "Me faça uma barriga, Senhor Caridade".

Mas o Senhor Barriga já ameaçou expulsá-lo da vila, pois disse que está cansado de ir cobrar o aluguel e não receber. Aí o Seu Madruga o aconselhou a ficar descansando em casa, mas o Senhor Barriga disse que ele era um sem-vergonha, e que tinha que pagar os 14 meses de aluguel que lhe devia, e o melhor era pagar antes que ele o pusesse no olho da rua.

Aí o Seu Madruga respondeu que naquele momento não tinha dinheiro, mas que não era pra se preocupar, pois não se esqueceria da dívida em nenhum dia de sua vida.

E o Seu Madruga realmente cumpriu a promessa, porque nunca se esquece que continua devendo.

O PROFESSOR GIRAFALES BRIGOU comigo porque fui pra escola com as orelhas sujas, mas não tinha jeito de deixá-las em casa, né?

Depois me disse que eu devia lavar minhas orelhas. Mas, pra que, se ainda estou escutando tão bem?

Em seguida, me falou que também devia lavar o pescoço e as mãos, e eu lhe respondi que as mãos, sim, eu tinha lavado. O chato foi que ele me perguntou quando eu tinha lavado. Mas eu não tenho tanta memória assim.

Finalmente, o Professor me perguntou quando foi a última vez que eu tinha tomado banho, mas, sinceramente, ainda não tomei banho pela última vez. Isso se deve perguntar aos que já morreram, porque nós, que estamos vivos, não podemos saber quando será a última vez que tomaremos banho.

Também disse que não devo tomar banho depois do café da manhã. Isso qualquer um sabe, porque, se eu tivesse que tomar banho depois do café da manhã, nunca tomaria banho.

Na aula de gramática, o Professor nos explicou que "sintaxe" não quer dizer que os táxis estão em greve na cidade

(como pensava o Nhonho), e sim a forma de ordenar as palavras na oração.

Então a Pópis falou que sabia ordenar as palavras na oração, e começou a dizer: "Pai nosso, que estais no Céu...". Mas o Professor disse a ela que não estava falando da oração que fazemos a Deus, mas das orações de forma generalizada. Então, a Pópis disse: "General nosso, que estais nos exércitos...", mas não pôde continuar porque o Professor mandou que prestasse atenção ao que ele dizia.

O que ele dizia é que muitas pessoas vêm destruindo a língua e que há o risco de que, em breve, não possam mais se comunicar, como aconteceu na Torre de Papel[4], uma torre que estavam construindo há muito, muito tempo e que queriam que fosse tão alta, tão alta que pudesse chegar ao céu. (Que burros, né? Porque, se de cimento já é difícil, imagine de papel.)

Mesmo assim, o Professor Girafales nos disse que foi ali que se separaram as línguas. Isso fez com que a Chiquinha desse um pulo e ficasse com cara de assustada. E aí ela perguntou:

— O que você disse que aconteceu?

E o Professor repetiu:

[4]Óbvia referência à Torre de Babel. (N. do A.)

— Que foi aí que se separaram as línguas.

Então a Chiquinha perguntou:

— Mas o que estavam fazendo?

E o Professor repetiu que o que estavam fazendo era uma torre. Depois, esclareceu que, ao falar de línguas, se referia aos idiomas.

Isso fez o Nhonho se exibir dizendo que o pai domina muitas línguas. E aí perguntou à Pópis se acontecia o mesmo com sua tia Florinda, mas a Pópis disse que não, que a tia Florinda não domina nem a própria língua, pois vive mordendo ela.

O Professor continuou nos explicando tudo e disse que o que aconteceu na Torre de Papel foi que todos começaram a notar que cada um falava um idioma diferente (mas não esclareceu se em seguida eram dublados ou se tinham legendas).

Dona Clotilde,
A Bruxa do 71

A CHIQUINHA FALA que a Dona Clotilde é a Bruxa do 71 (porque mora na casa número 71). O Quico e a Pópis também acham isso, mas Jaiminho, o Carteiro, disse que é mentira, pois, se ela fosse uma bruxa, por que não fazia uma bruxaria pra se transformar numa mulher jovem e bonita?

Quer dizer, eu também não acredito em bruxas. Mas que elas existem, existem! Não tem como saber se alguém é ou não uma bruxa, mas, por via das dúvidas, o melhor é nunca topar com a Dona Clotilde.

Quando encontro com ela, fico com bastante medo e tenho um piripaque. Ou seja, fico paralisado e não consigo me mexer. Aí preciso que me joguem água fria pra conseguir me mexer.

Inclusive, um dia, a Pópis me perguntou o que a pessoa sente quando tem um piripaque, mas não é fácil explicar, porque o que se sente é que a pessoa começa a sentir como se não estivesse sentindo nada. Depois você sente que já não sente tanto, e assim vai, até que você sente que já não sente o que estava sentindo.

Depois, a Pópis me lembrou que a Dona Clotilde é apaixonada pelo Seu Madruga, e disse que só uma bruxa seria capaz disso.

Além do mais, a Bruxa do 71 vive presenteando o Seu Madruga com bolos, e a Chiquinha acha que, no mínimo, ela coloca na massa uma dessas coisas que fazem as pessoas ficarem idiotas. Mas eu acho que pra ficar idiota, o Seu Madruga não precisa comer nada, não.

ONTEM, TEVE PROVA de História.

Havia dez perguntas. Eu mal respondi a primeira.

As outras não tive tempo de responder.

O que acontece com a História é que os professores fazem trapaça, pois perguntam coisas que aconteceram quando a gente ainda não era nascido. E o pior de tudo é que cada vez fica mais difícil estudar, porque sempre tem coisas novas acontecendo. Em compensação, pros adultos deve ter sido bem fácil, pois quando eles estudaram quase não tinha acontecido coisa alguma.

Mas, de qualquer jeito, as aulas de História são muito divertidas, porque é como se lhe narrassem contos.

Como aquele de que um dia fizeram uma Revolução[5] pra que as coisas melhorassem.

Depois da prova, tivemos muitas outras aulas de História, e pra não me esquecer delas, vou escrever agora tudo o que eu lembro.

Tinha um presidente que se chamava Dom Porfírio, que foi o que mais tempo aguentou os mexicanos.

Os presidentes só podem ser presidentes por seis anos, e quando as pessoas perceberam que Dom Porfírio já tinha ficado bem mais tempo que isso, disseram que ele tinha que sair.

Então chegou um sujeito chamado Francisco Madero (igualzinho ao nome da rua) e declarou a Guerra da Revolução. E não parou de vencer! Aí Francisco Madero se tornou presidente, mas

[5]Ele se refere à Revolução Mexicana, um dos principais acontecimentos da história do país. O conflito ocorreu entre novembro de 1910 e dezembro de 1920. (N. do T.)

ficou pouco tempo, porque veio outro que era muito malvado, matou Madero e até lhe roubou o cargo de presidente.

Foi então que começou outra Guerra da Revolução. Mas não contra Dom Porfírio, e sim contra todos, porque todo mundo queria ser presidente.

O único que não queria era Emiliano Zapata. Ele queria que todo mundo fosse camponês.

O chato é que os ricos fazendeiros preferiam ser ricos fazendeiros a camponeses; e, como não entravam em acordo, os camponeses começaram a matar os ricos fazendeiros e os ricos fazendeiros começaram a matar os camponeses. Conclusão: a terra não foi ocupada nem pelos camponeses nem pelos ricos fazendeiros, e sim pelos mortos que tiveram de enterrar, afinal, nessa época mataram tanta gente, que a média era de um pra um, ou seja, cada pessoa matava uma outra.

Também havia um caubói que se chamava Pancho Villa, que tinha muitos amigos e muitas mulheres. Mas de quem ele mais gostava era do seu cavalo, Sete Léguas. Dizem que Pancho Villa tinha uma pontaria tão boa com a pistola que, onde botava o olho, mandava a bala. E um dia se confundiu e colocou o olho.

O mais inteligente de todos se chamava Carranza, pois era o que lia e escrevia melhor, e pra isso usava uns óculos fundo de garrafa. Carranza também sabia fazer leis. Em compensação, não sabia segurar uma pistola. Segurava melhor outras coisas.

O melhor pistoleiro era um tal de Obregón[6], que só tinha uma mão.

Mas uma só era o suficiente pra ele.

O mais engraçado de tudo é que no México teve um montão de ruas com nomes de presidentes e um presidente chamado Ruas[7].

OUTRO DIA, VOLTANDO DA ESCOLA, vi que o Jaiminho estava cortando os ramos das roseiras dos vasos. Perguntei por que maltratava as plantas daquele jeito, mas o Jaiminho me disse que não estava maltratando as plantas, estava apenas arrancando uns pés.

Por um momento, pensei que o Jaiminho estava ficando louco, mas depois ele me explicou que não é que as plantas tenham pés como nós (se não, já teriam ido embora), mas que esse é o nome que se dá aos raminhos que são cortados. Depois, esses raminhos são enterrados em vasos e começam a crescer até se transformarem em roseiras que dão flores e tudo mais.

O Jaiminho falou que as novas roseiras serão filhas da original. E eu lhe disse que ainda bem que as crianças não nascem como as rosas, pois senão teriam que cortar um pé

[6]Aqui são feitas várias menções à história do México: Porfírio Díaz foi presidente entre dezembro de 1884 e maio de 1911, sendo deposto por Francisco Madero, líder da Revolução Mexicana — da qual Emiliano Zapata, Pancho Villa, Venustiano Carranza e Álvaro Obregón foram outras figuras importantes. (N. do T.)

[7]"Calles", no original, em referência a Plutarco Elias Calles. "Calles" significa "Ruas" em espanhol. (N. do T.)

de suas mães e, em seguida, enterrá-lo num vaso pra que crescesse. Ou seja, uma mãe não poderia ter mais do que dois filhos.

O que acontece é que o Jaiminho entende um bocado de plantas, porque em Tangamandápio tem muitas árvores, flores e essas coisas. Sabemos disso porque o Jaiminho vive contando coisas bonitas sobre Tangamandápio, que é a cidadezinha onde nasceu. Acho que deve ser um lugar lindo, porque ele sempre fala que é "uma linda cidadezinha com crepúsculos avermelhados". E, quando se lembra, acaba ficando com olhos de cachorrinho dengoso.

O Jaiminho gosta tanto das plantas que nem sequer acha graça quando zombam com isso. Por exemplo, um dia, ele estava nos falando das flores que têm perfume e se irritou quando o Godinez disse que as plantas mais cheirosas são as plantas dos pés.

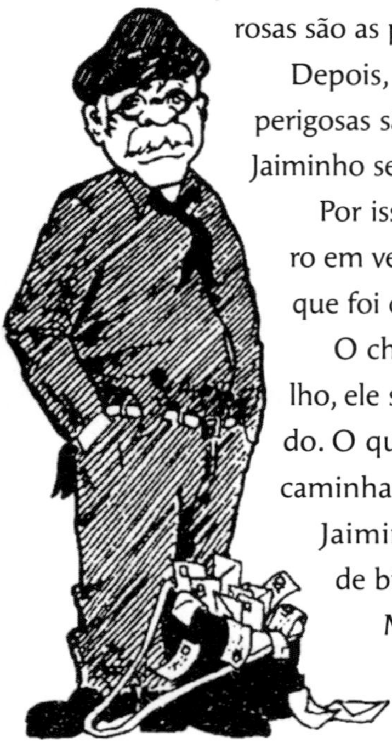

Depois, a Pópis falou que as plantas mais perigosas são as plantas elétricas, e de novo o Jaiminho se irritou.

Por isso, acho que ele devia ser jardineiro em vez de carteiro, mas o Jaiminho disse que foi carteiro a vida toda.

O chato é que, quando volta do trabalho, ele sempre chega na vila muito cansado. O que mais o deixa cansado é ter que caminhar empurrando a bicicleta, porque Jaiminho, o Carteiro, não sabe andar de bicicleta.

Mas ele não pode dizer que não sabe andar de bicicleta, pois se os seus chefes souberem, perderia o emprego de carteiro. Essa é a razão dele voltar tão cansado.

Depois, fica o dia todo cansado. É por isso que não quer fazer nada, porque prefere "evitar a fadiga", como ele diz.

Acho que o que aconteceu foi que o Jaiminho começou a trabalhar como carteiro antes de a bicicleta ter sido inventada, pois o pobrezinho é mais velho do que as aranhas. Claro que ele nunca quer dizer quantos anos tem, mas imagino que não seja menos que 400. Por isso, sua pele fica pendurada que nem pelanca de peru.

De qualquer jeito, Jaiminho, o Carteiro, disse que gostaria de passar seus últimos dias em Tangamandápio, mas eu acho muito difícil. A não ser que ele vá pra lá daqui a quinze minutos.

O NHONHO SE IRRITOU MUITO quando dissemos que seu pai parece muito com banha esparramada. Mas que culpa temos se o pai dele parece banha esparramada?

Depois não teve jeito de fazê-lo ficar de bom humor. E, por isso, nos ameaçou:

— Vocês vão ver só, vou contar tudo pro banha esparramada!

Ou seja, ele sem querer deixou escapulir a verdade, pois o que queria dizer é que ia contar tudo pro pai.

Ele estava chateado quando encontrou a Dona Clotilde, que lhe disse pra não chorar por causa disso e que aprendesse com ela, que não se irritava quando lhe chamavam de bruxa. Mas eu tenho certeza de que é mentira, porque vi muitas vezes como ela se aborrece quando a chamam assim. Porém, ela insistiu que estava dizendo a verdade, e aí, pra provar, o Nhonho gritou:

— Bruxa, bruxa, bruxa! — (Desse jeito, três vezes!) E a Dona Clotilde não deu bola.

Com isso, fiquei animado e me aproximei pra chamá-la de bruxa, mas a Dona Clotilde continuou sem se aborrecer.

O mesmo aconteceu com a Pópis, o Quico e o Godinez, pois a Dona Clotilde não se aborreceu quando eles gritaram:

— Bruxa!

Estávamos felizes de poder chamá-la de bruxa sem perigo algum, quando chegou a Chiquinha e estragou a nossa festa. Ela apareceu perguntando por que estávamos tão felizes, e respondi que era porque a Dona Clotilde não se importava mais que a chamássemos de bruxa. Mas a Chiquinha, em vez de se animar, ficou muito séria, como se estivesse duvidando. Então eu lhe disse:

— Se não acredita em mim, experimente chamá-la de bruxa, pra ver como ela não se irrita.

Então a Chiquinha respondeu:

— Se não se irrita, pra que vou chamá-la de bruxa?

Aí a gente percebeu o erro que tinha cometido, pois o legal de chamá-la de bruxa era ver a cara de peru que ela fazia. Não foi difícil entender por que a Chiquinha começou a chorar, lembrando dos velhos tempos.

Essa mulher — disse ela — sempre foi muito boa pra nós, porque bastava que alguém dissesse "Olha lá, lá vem a Bruxa do 71", pra que no minuto seguinte fizesse aqueles gestos de raiva que tanto nos divertiam. Agora, de repente, a ingrata nos tira esses doces momentos de felicidade que tanto desfrutamos.

Depois, a Chiquinha nos deixou ainda mais preocupados, porque disse que a mesma coisa poderia acontecer se a Dona Florinda não se importasse mais quando a chamássemos de "velha coroca". O bom foi que a Dona Florinda, que passava por ali naquele momento, escutou o comentário e saiu falando que éramos uns moleques, que era isso o que dava viver entre a gentalha. E, é claro, falou tudo isso enquanto fazia aquela cara de vela derretida que tanto nos diverte.

Depois disso, a Chiquinha veio com uma coisa que não entendi tão bem, mas pedi que repetisse, pra que eu pudesse escrever. Ela disse:

— Assim, a Dona Florinda nos faz lembrar que jamais devemos perder a fé no ser humano.

O SEU MADRUGA FALOU que não tem medo de ir pro Inferno quando morrer, pois, tem certeza de que não receberá uma pena maior do que dois ou três anos. E que tem menos medo ainda se, em vez de ser trancado no Inferno, que o mandassem pro Purgatório Oriente, por exemplo. Ou no Purgatório Norte, quem sabe.

Eu lhe perguntei como podia estar tão certo disso e o Seu Madruga me falou que tudo era uma questão de ter

"as costas quentes" (foi o que afirmou). Ele, por exemplo, tinha sido muito amigo do Padre José (que morreu no ano passado) e com certeza o homem devia estar bastante sossegado lá no outro mundo.

Mas a verdade é que o Seu Madruga não parecia ter tanta confiança no que dizia, porque depois me falou que se não tivesse "as costas quentes" por causa do Padre José, não lhe restaria outra solução senão pagar um "extra", ou seja, um suborno. Isso seria muito mais difícil de conseguir, porque o Seu Madruga nunca teve onde cair morto. Mas eu fiquei na dúvida de que no Inferno aceitassem "extras", apesar de o Seu Madruga ter dito pra eu não me preocupar, afinal, se um juiz aceita, com mais razão o Diabo também aceitaria. Porque nunca que o Diabo vai parecer um anjinho inocente.

Chiquinha

DE CADA TURMA DA ESCOLA, selecionaram uma criança pra fazer a coleta da Cruz Vermelha. Na minha sala, o escolhido fui eu.

Me deram um pote pintado de branco, que tinha uma cruz vermelha desenhada. Na parte de cima tem dois buracos por onde as pessoas colocam o dinheiro. Um é compridinho e o outro é redondo. (O curioso é que o buraco compridinho é pras moedas, que são redondas; e o redondo, pras notas, que são compridinhas.)

Mas não é nada fácil pedir dinheiro às pessoas. A Chiquinha, por exemplo, disse que já tinha dado. Eu perguntei quando, e ela me respondeu que no ano passado. Aí eu disse que era preciso colaborar todos os anos, já que todo ano tem atropelados, acidentes de trânsito e tal, só que a Chiquinha me perguntou:

— E que culpa eu tenho?

Finalmente, sem muito entusiasmo, digamos assim, ela topou contribuir com algumas moedas. Não pude ver quanto era, ela me disse que eram cinco pratas, mas, pra mim, pareceu ter sido cinquenta centavos.

A Chiquinha, pelo menos, colaborou com algo, diferente da Pópis, que não contribuiu com coisa alguma. E, ainda por cima, a Pópis quis fazer uma piada, pois quando lhe perguntei se ela havia botado, me disse que nem que fosse uma galinha. Expliquei que se tratava de botar dinheiro, mas a Pópis me falou que não tinha nem cinco centavos. Então a Chiquinha disse pra ela que algumas pessoas, em vez de dar dinheiro, doam sangue, que pode ser útil, porque nos acidentes muitas pessoas perdem sangue. A Pópis respondeu que se as pessoas perdem as coisas é porque não prestam atenção onde as deixam, então a Chiquinha lhe explicou que o que acontece é que as pessoas perdem sangue pelos ferimentos que sofrem nos acidentes, e que depois são levadas ao hospital da Cruz Vermelha, onde lhes enchem de novo com sangue. A Pópis falou que já tinha entendido e que não podia dar dinheiro, mas que, sim, podia doar sangue. A verdade é que ela é muito burra, porque depois avisou que deveríamos esperar que matassem a galinha. Quando perguntei qual galinha, ela me respondeu que estava falando de uma que a tia Florinda tinha comprado na semana passada. Ou seja, a boboca estava pensando que podia colaborar com sangue de galinha, sem levar em conta que os seres humanos só podem receber sangue de outros seres humanos.

Aí a Pópis perguntou de onde poderia tirar esse tipo de sangue e a Chiquinha disse:

— Do seu nariz.

E a Chiquinha mesmo a ajudou, dando um soco na cara dela.

O ruim foi que a Pópis não pôde colaborar doando esse sangue, porque a tonta correu pra casa, dizendo que ia contar tudo pra tia Florinda.

Foi então que chegou o Nhonho. Esse, sim, colaborou com uma nota de vinte pratas pra Cruz Vermelha. Sei a quantia porque vi a nota com meus próprios olhos. Além disso, o Nhonho nos disse que estava contribuindo com vinte porque poderia acontecer de ele sofrer um acidente e ter que ser levado à Cruz Vermelha. O chato é que, nesse caso, vinte pratas de nada serviriam, pois, se o Nhonho sofresse um acidente, seria necessário ter, no mínimo, duas macas pra levantá-lo. E, pra levá-lo, talvez duas ambulâncias! Depois, pra enchê-lo de novo com sangue, nem uma caixa d'água cheia de sangue daria conta!

Estava pensando nessas coisas quando o Quico saiu de casa, com a Pópis atrás dele. Os dois vinham muito afoitos, porque a Pópis tinha contado que a Chiquinha havia dado um soco no nariz dela. Até pensei que o Quico fosse bater na Chiquinha, mas não. Bateu em mim.

O Nhonho me ajudou a levantar, mas, quando procurei pelo Quico, o covarde já tinha fugido. Então a Chiquinha viu que eu estava irritado e disse que me acalmasse. Depois, como querendo mudar de assunto, perguntou se eu tinha dado alguma coisa à Cruz Vermelha.

Respondi que não havia dado nada, mas que pensava em mandar alguma coisa pra eles. A Chiquinha me perguntou o que eu queria mandar pra Cruz Vermelha, e eu respondi:

— Um ferido.

E esperei que o Quico voltasse.

ANTIGAMENTE, NÃO TINHA tanta população como hoje, porque só existiam Adão e Eva.

Ou melhor, só existia Adão, que foi o primeiro homem. Acontece que, um dia, ele dormiu, e, quando acordou, tinham tirado uma costela dele. Depois, dessa costela começaram a sair mãos, pernas, cabeça e tudo mais (menos o pinto), até que se formou completamente a senhorita Eva.

Adão e Eva moravam num lugar muito bonito, que se chamava Paraíso, uma espécie de bosque cheio de flores, pássaros, veados e leões (mas os leões eram adestrados).

No Paraíso, era proibido comer maçãs, mas, certa vez, uma cobra chamada Serpente apareceu e aconselhou Adão e Eva a comerem várias maçãs. Ou seja, era uma cobra que já tinha aprendido a falar. É que antigamente as cobras eram tão diferentes que até tinham mãos. (Isso sabemos porque a cobra tentou Eva, e, se não tivesse mãos, como poderia tentá-la?) Mas Eva não disse pro Adão que a cobra a havia tentado, porque os homens ficam muito bravos quando alguém fica tentando sua mulher.

Mesmo assim, Adão e Eva foram castigados por terem sido desobedientes. E, por isso, foram expulsos do Paraíso. Quem os expulsou foi um anjo que tinha uma espada como as que eram usadas em Guerra nas Estrelas.

Além disso, receberam outros castigos. Por exemplo, Adão tinha que comer o pão misturado com o suor do seu rosto. E Eva recebeu o castigo de sentir muita dor quando tivesse filhos.

Mas, como não tinham outra coisa pra fazer, se puseram a ter filhos.

O mais velho recebeu o nome de Caim, e ao mais novo deram o nome de Abel.

Abel era uma criança muito obediente e muito bondosa. Caim, pelo contrário, sempre deu dor de cabeça à sua mãe. A primeira delas foi quando Eva o alimentava, pois Caim tinha fuça de burro, que nem o Quico. E não é a mesma coisa amamentar um bebê comum e um que mama com fuça de burro.

Mas a pior das dores de cabeça que Eva teve foi quando os meninos já estavam mais grandinhos. Um dia, Caim se irritou tanto com o irmão que lhe acertou na fuça. A pancada foi tão forte que Abel caiu no chão, e, quando perceberam, estava morto.

Em seguida, Adão e Eva também morreram.

NESTA VIDA HÁ COISAS que são caras porque custam muito dinheiro e outras que custam muito pouco e, por isso, são baratas.

Eu, por exemplo, sou um menino barato.

Não à toa, a Chiquinha me olha com bastante pena e me diz:

— Pobre Chavinho! Você não tem pena de ser você?

Mas o que é que eu posso fazer? É que diversas vezes nos perguntam o que gostaríamos de ser quando crescer, e eu nunca soube responder.

Os outros, sim: a Chiquinha gostaria de ser presidente; a Pópis quer ser atriz de televisão; o Nhonho quer ser dono de muitos restaurantes; o Godinez quer virar jogador de futebol; e o Quico quer ser igual à mãe dele. Ou seja, o Quico é mais idiota do que pensávamos, porque é preciso ser muito idiota pra querer ser parecido com essa velha coroca que não sabe fazer outra coisa senão brigar com todo mundo. Além do mais, quando a gente cresce, os homens devem parecer

homens e as mulheres devem parecer mulheres. Mas nem sempre isso acontece.

Depois o Quico nos explicou que não, que isso não é verdade. E além disso nos disse:

— Eu só quero ser parecido com a minha mãe nisso de ter um filho como eu.

AS PESSOAS DIZEM que nesta cidade já não se pode respirar direito porque o ar está muito condimentado[8].

Mas o Professor Girafales diz que, por outro lado, as pessoas não se preocupam tanto com uma coisa que está pior a cada dia, que é o barulho.

O barulho serve pra ser escutado.

O chato é que também pode servir pra que não se escute o som das pessoas, como acontece nas boates. E não é que seja ruim escutar música, o ruim é escutá-la quando está muito alta. Ou seja: o que faz mal é o volume. E é por isso que o Nhonho vive doente: pelo volume que ele tem.

Além das boates, o que também é muito prejudicial é o barulho das motos. Principalmente quando atropelam a gente.

NA ESCOLA TEM UMA ALUNA NOVA que se chama Paty, e que, carinhosamente, é chamada de Patrícia Gimenez.

A Paty se senta na carteira que fica atrás da minha, mas o Professor Girafales insiste que devo olhar pra lousa e não pra Paty.

[8] Claro que o Chaves quis dizer que o ar está "contaminado". Isso significa que não conseguiu ouvir bem a palavra, o que, por sua vez, confirma tudo que ele disse nesta página. (N. do A.)

O bom é que durante o recreio, aí sim, posso ficar o tempo todo olhando pra Paty.

Quando ela corre, o cabelo dela fica assim: muito bonito.

Às vezes, a Paty me pega olhando pra ela. E aí não consigo continuar olhando pra ela, pois, sabe-se lá por quê, quando ela me olha, sinto uma coisa que eu mesmo não sei.

E quando ela ri, sinto a mesma coisa, só que mais forte.

EU ESTAVA BRINCANDO de pular numa perna só, quando o Quico saiu de casa comendo uma banana. Um instante depois, me perguntou:

— Você quer?

Eu ia responder que sim, porque aquela banana me agradava muito, mas me lembrei de que sempre faz a mesma coisa comigo: primeiro, me pergunta: "Você quer?". Aí, quando digo que sim, ele me fala: "Então vai comprar!".

Por isso, eu disse que não, que não queria, e expliquei o porquê. Aí o Quico me falou:

— Poxa, que pena, porque, desta vez, eu pensava em te dar metade da banana.

Isso me deixou tão contente que respondi:

— Sim, sim, eu quero! Aí ele me disse:

— Vai comprar!

O pior de tudo foi que não vi onde ele jogou a casca da banana.

Acabei escorregando ao pisar nela e caí.

O Quico, em vez de se preocupar, começou a rir, debochando de mim. Aí dei dois safanões nas bochechas de mamão macho dele, e imediatamente ele foi chorar encostado na parede.

O chato é que o Quico chora como se estivesse fazendo gargarejo com água de bica. E faz tanto barulho que toda a vizinhança pode ouvir. Por causa do barulho, o Seu Madruga saiu de casa pra ver o que estava acontecendo. Eu ia começar a explicar quando a Dona Florinda chegou da rua e perguntou pro filho o que ele tinha, e o Quico respondeu:

— Ele bateu em mim!

Mas, como não explicou quem bateu nele, a Dona Florinda pensou que tivesse sido o Seu Madruga. Como sempre, o Seu Madruga foi quem acabou pagando o pato.

Depois, a Dona Florinda disse pro Quico:

— Vamos, tesouro, não se misture com essa gentalha!

— Aí o Quico gritou pro Seu Madruga:

— Gentalha, gentalha!

Aí o Quico e a mãe entraram em casa.

Seu Madruga ficou com tanta raiva que jogou seu chapéu no chão. E depois ficou com mais raiva ainda, afinal o chapéu caiu em cima do cocô de um cachorro.

Percebi que o Seu Madruga estava tão irritado que certamente ia querer descontar em mim, mas fui esperto e saí correndo.

O chato foi que, justo nessa hora, estava chegando à vila o Senhor Barriga, e eu esbarrei na sua pança e o derrubei. Aí o Senhor Barriga me disse:

— Mas tinha que ser o Chaves!

E eu respondi:

— Foi sem querer querendo!

Só que ele respondeu que sempre acontecia o mesmo: que eu o recebia com uma pancada na barriga quando chegava à vila, e que sempre lhe dizia "Foi sem querer querendo". Aí eu disse a ele que estávamos quites, porque ele também sempre repetia "Mas tinha que ser o Chaves!"

HOJE NA ESCOLA, durante o recreio, a Paty chegou por trás de mim, tapou meus olhos com as mãos e disse:

— Adivinha quem é? — E eu soube que era a Paty, porque ela é a única que tem uma voz bonita de se ouvir. Mas não pude dizer nada pra ela, porque comecei a sentir umas cosquinhas.

Em seguida, a Chiquinha também veio por trás de mim, tapou meus olhos com as mãos e perguntou:

— Adivinha quem é?

Como se eu não fosse reconhecer aquela tonta!

Depois a Chiquinha roubou umas balas da Paty e ela começou a chorar. Também senti vontade de chorar, mas me segurei.

Em vez disso, tirei as balas da Chiquinha e as devolvi pra Paty. Aí quem começou a chorar foi a Chiquinha.

Fico muito irritado quando ouço a Chiquinha chorar, porque ela sempre chora como se alguém a estivesse matando, e um grito desses poderia deixar alguém surdo.

Que diferença da Paty, que quando chora só faz um barulhinho, assim, baixinho. Seus olhos ficam assim molhadinhos, e até brilham mais!

No fim das contas, eu também chorei (porque a Chiquinha me deu uma pedrada na cabeça).

SE UM DIA EU GANHASSE NA LOTERIA, a primeira coisa que eu gostaria de fazer seria me convidar pra comer, porque nesta vida o mais importante é comer.

Se você não come, você morre.

E se morre, a que horas vai comer? Por isso, é melhor comer do que morrer.

Aliás, o Professor Girafales disse que o intestino das pessoas mede cerca de seis metros, mas eu comi tão pouca comida que devo ter pelo menos dois ou três metros de intestino sem estrear.

Não tenho certeza, mas acho que a última vez que mastiguei um pedaço de carne foi quando mordi a língua.

Um dia, fiquei tão doente que me levaram pra um hospital muito bonito, onde as enfermeiras se chamavam freiras. Elas eram tão boas que me davam de comer três vezes por dia. A parte ruim é que só fiquei doente por quatro dias, eu sarei rapidinho. Agora, estou esperando ficar doente de novo, pra que eu possa voltar a comer três vezes todos os dias.

Nhonho

ONTEM FOI ANIVERSÁRIO DA PATY. Eu não sabia, mas descobri quando o Nhonho chegou e lhe deu um presente. Aí a Paty deu um beijo nele.

Um dia desses vou pegar o Nhonho e vou partir tudo aquilo que ele chama de cara.

DE TODAS AS HISTÓRIAS que o Professor Girafales nos contou, uma das mais bonitas é a de um senhor que se chamava Noé, que construía barcos e criava animais.

Um dia, Deus disse a Noé que faltava pouco pro Dilúvio, que é um grande aguaceiro, só que mais forte. Aí Noé perguntou a ele o que devia fazer, e Deus lhe aconselhou que construísse um barco bem grande, onde coubessem todos os animais. Até o elefante.

Os únicos que ajudaram Noé foram seus filhos (que eram três) e as esposas dos seus filhos. Por outro lado, as outras pessoas da cidade não o ajudaram em nada, e não faziam outra coisa senão debochar de Noé, pensando que o pobrezinho estivesse louco. Noé respondia que eles é que eram loucos, e que não viessem se queixar quando estivessem se afogando.

Porém, mais do que as zombarias das pessoas, o que preocupava Noé era que teria que juntar casais de animais, porque deviam ser machos e fêmeas, e nem sempre é fácil saber qual é macho e qual é fêmea. Claro que há alguns que se reconhecem facilmente (os burros, por exemplo), mas tem uns que não sei como Noé fez pra distinguir, caso dos pássaros, dos peixes, das cobras, dos vermes etc.

Bom, seja como for, Noé conseguiu reunir todos os casais de animais e lhes pediu que entrassem no barco, que, na verdade, se chamava Arca.

Entraram bem na hora, porque em seguida o Dilúvio começou, e como ainda não haviam sido inventados os esgotos, as ruas começaram a inundar. Choveu tanto que em pouco tempo não se viu mais o chão, nem as casas, nem nada. A única coisa que se podia ver era o barco em que estavam Noé, sua família e os animais.

Noé achava que os outros iam morrer de inveja, mas não foi assim; eles morreram afogados.

O chato foi que, um dia, como não tinha muito o que fazer, Noé inventou o vinho. E, é claro, ficou de porre.

Ele estava tão bêbado que não conseguia se levantar pra saber se já havia parado de chover. Por isso, pegou um pássaro e pediu que saísse pra ver se ainda chovia. Então, um dos seus filhos começou a debochar de Noé, dizendo que os pássaros não sabiam falar, a não ser os papagaios. Mas os papagaios não sabem dizer se está chovendo ou não; eles só sabem dizer "Dá o pé, louro!", "Sai pra lá, sua porquinha!" e coisas desse tipo. Ou seja, de nada adiantava mandar um pássaro ver se ainda chovia ou não.

Noé continuava tão bêbado que nem sequer ficou com vergonha quando o filho debochou dele. Em vez disso, decidiu amaldiçoar os filhos do seu filho, ou seja, passou a prejudicar os netos, que não tinham culpa de nada.

No dia seguinte, Noé disse que não era tão burro a ponto de esperar que um pássaro falasse, mas que o mandou pra ver se ele voltava seco ou molhado, porque, se voltasse molhado, significaria que ainda estava chovendo. E vice-versa.

O chato é que o pássaro não voltava nem seco, nem molhado. Tudo continuava na mesma. Noé não podia enviar outro pássaro porque eles podiam acabar (pois só tinha dois de cada espécie). Finalmente, alguém resolveu espiar lá fora e viu que o Dilúvio havia cessado. Todos desceram do barco e começaram a ter filhos pra repor a população que havia morrido afogada.

Alguns filhos eram brancos, uns eram negros, e outros, chineses.

Mas o mais interessante sobre Noé foi a quantidade de anos que viveu (não me lembro bem, mas acho que foram mais de 900). Ficou ainda mais velho do que Jaiminho, o Carteiro. Várias pessoas se perguntam como é possível que uma pessoa possa ter vivido tanto, ainda mais porque naquela época não tinha médicos, nem hospitais, nem nada disso.

Ontem, o Professor Girafales nos mandou copiar uma frase do livro de Ciências. Foi esta: "O ser humano vale-se de dois sentidos para entrar em contato com o mundo que o rodeia".

Hoje de manhã, o Professor perguntou se sabíamos quais eram esses sentidos. Aí a Pópis disse que os sentidos são os chatos, aqueles a quem qualquer coisa que você faça é motivo pra parar de falar com você, e até de te cumprimentar.

Mas o Professor disse que se referia a outro tipo de sentido, que são os que estão no livro. E esses sentidos são cinco: visão, audição, olfato (ou seja, isso de cheirar), paladar e tato (ou seja, quando você apalpa alguma coisa).

Depois, o Professor perguntou à Paty pra que serviam os olhos, me adiantei e respondi que os olhos da Paty serviam pra olhar bonito.

Aí a Chiquinha me deu um beliscão que deixou o meu braço ardendo. O Professor me falou que a pergunta tinha sido feita pra Paty. Aí ela respondeu que, na opinião dela, os olhos serviam pra duas coisas: ver quando estivesse acordada e fechar quando estivesse com sono. Mas a Chiquinha disse pra Paty que também serviriam pra chorar quando lhe quebrasse tudo aquilo que ela chama de cara (o que não vou permitir).

Além disso, o Professor Girafales chamou a atenção da Chiquinha por ficar provocando briga, mas ela falou que tinha raiva de respostas idiotas. Aí eu disse que a Paty nunca dava respostas idiotas, e isso irritou ainda mais a Chiquinha, que gritou comigo:

— É melhor você calar a boca, Chaves!

Em seguida, acrescentou:

— Sabe pra que servem os seus olhos?

E eu respondi que me serviam pra olhar a Paty.

Então a Chiquinha me deu um pontapé na canela e disse:

— Engano seu! Seus olhos só servem pra juntar remelas!

O Professor Girafales teve que acalmar a Chiquinha, o que deu muito trabalho. Aí, quando pareceu que finalmente estava calma, o Professor lhe perguntou se ela sabia pra que serviam os ouvidos, e a Chiquinha respondeu que serviam "pra escutar as bobagens que o Chaves dizia".

Isso fez com que o Professor se irritasse muitissíssimo, pois sempre disse que não gostava de grosserias (se bem que, um dia, foi grosseiro ao discutir com o Seu Madruga).

A Chiquinha disse a ele que também não gosta dessas palavras e a prova disso é que ela só as usa quando está muito aborrecida (ou seja: o mesmo que aconteceu com o Professor quando discutiu com o Seu Madruga).

Depois, a Chiquinha se acalmou e o Professor continuou com a aula de Ciências.

Ele nos disse que o sentido que serve pra perceber os cheiros se chama olfato, e que também há um órgão que cuida disso. Aí perguntou se sabíamos onde estava esse órgão, e o Godinez respondeu que o órgão se encontra nos fundos da igreja. Só que o Professor disse que estava falando do nariz (apesar de não ter dito de quem).

Mais tarde, o Professor me perguntou se eu sabia o que é paladar, e respondi que sim, que sabor é o que sinto quando a Paty aparece. Aí senti outro pontapé da Chiquinha na canela (isso quando parecia que já estava calma. Por isso, o Seu Madruga tem razão em dizer que é impossível entender as mulheres).

O Professor explicou que ao falar de sabor, de paladar, se referia a algo que se sente na boca. Aí eu disse que o melhor que poderia sentir na boca seria um beijo da Paty. Mas não pude saber se havia respondido bem, porque, no minuto seguinte, a Chiquinha voltou a me dar pontapés na canela, além de me dar uma reguada na cabeça e um beliscão no pescoço.

Sorte que o Professor rapidamente segurou a Chiquinha. Mas, quando a soltou, ela começou a dizer:

— É que estou com muita raiva! Que os olhos são pra olhar a Paty! Que o ouvido é pra ouvir a Paty! E o olfato e o paladar também! — Depois, como se lembrasse de alguma coisa que a apavorava, acabou dizendo: — E ainda falta o tato! — E saiu correndo da sala.

Então o Professor Girafales disse pra não nos preocuparmos, que ela voltaria. Continuou dando aula, explicando que todos os sentidos são importantes. Falou, por exemplo, que é lamentável que haja pessoas que perdem a visão. E o Godinez disse que aí elas vão trabalhar como juízes de futebol. Depois, comentou a respeito dos que perdem a audição, e o Nhonho disse que estes vão ser cantores de *rock and roll*. O Professor também disse que era lamentável que uma pessoa perdesse o olfato, mas a Paty disse que não, que isso era bom, porque os que perdem o olfato não sofrem quando entram no banheiro do cinema.

Finalmente, o Professor Girafales falou sobre o tato e perguntou como podíamos saber se uma coisa era lisa ou enrugada. A Pópis respondeu:

— Depende se tem a minha idade ou a do senhor.

O Professor disse que daria outro exemplo e perguntou como sabíamos se um objeto tinha espinhos. Respondi que observando com cuidado o objeto, porque, se fosse um chuchu, certamente teria espinhos.

Nessa hora, o Professor parecia desesperado, pois até gritou:

— Para que lhe servem suas mãos?

E eu respondi que tomara que elas me servissem pra fazer carinho na Paty. Mal havia acabado de responder quando me dei conta de que a Chiquinha tinha entrado na sala. Ela se aproximou de mim e disse:

— Vou te dizer pra que servem as minhas mãos.

E elas serviram pra me dar uma surra pior do que quando saí no braço com o Godinez.

O Professor Girafales nos mandou fazer um trabalho sobre desnutrição, mas eu não tinha a menor ideia do que escrever. Então a Chiquinha me disse que não precisava escrever coisa alguma, que bastava eu levar uma foto minha pra escola.

HOJE APARECEU NA VILA uma placa que dizia: "Neça vila estão probidos os animais". Então copiei do jeito que estava escrito, mas o Professor Girafales logo nos alertou que havia um monte de erros de ortografia na placa. O que aconteceu foi que, quem escreveu foi o Seu Madruga, que é muito burro.

Mas a ideia da placa não veio do Seu Madruga, e sim da Dona Florinda. Ela só pagou ao Seu Madruga pra que a fizesse e escrevesse, porque não gosta de animais (a não ser o Quico).

A Dona Clotilde, ou melhor, a Bruxa do 71, se irritou demais quando viu a placa, mas Jaiminho, o Carteiro, disse-lhe que não se preocupasse, porque enquanto ela pagasse o aluguel em dia ninguém poderia proibi-la de morar ali. Aí a Dona Clotilde também ficou brava com o Jaiminho, e disse a ele que ela não era um animal. O Jaiminho, por sua vez, perguntou por que ela tinha se irritado ao ver a placa, e ela respondeu que foi porque tinha um cachorrinho.

É verdade que o cachorrinho da Dona Clotilde é bem bonito, mas também é delicado (porque é de uma raça muito fina). Por isso, o bicho come melhor do que eu, afinal não sou de raça fina, e sim da mais comum.

A Dona Clotilde é muito carinhosa com seu cachorrinho e cuida dele como se fosse um filho. A Chiquinha disse que isso se deve ao fato de a Dona Clotilde ser solteirona, porque as solteironas quase nunca têm filhos. No lugar de filhos, têm cachorros.

As mulheres engordam bastante quando vão ter filho, e eu não me lembro da Dona Clotilde ter engordado pra ter um cachorro. Ou seja, não é a mesma coisa.

Depois, descobrimos que a placa tinha sido obra da Dona Florinda, que havia ficado com muita raiva porque o cachorrinho da Dona Clotilde entrou na casa dela e fez cocô no tapete da sala. Isso de nada adiantou, pois, após a placa ter sido colocada, o cachorrinho tornou a fazer cocô no tapete da sala. É que a Dona Florinda esqueceu que os cachorros não sabem ler.

A PATY PAROU de ir pra escola.

Acho que a família dela foi morar em outro lugar e a levou junto.

Não sei onde fica esse outro lugar.

Onde será que está a Paty?

O que estará fazendo?

Agora tem outra menina que se senta no lugar da Paty. Mas quanta diferença!

E tem mais: não me parece certo que alguém chegue e ocupe o lugar dela. Por isso, tirei-a de lá.

Depois, fiquei sabendo que foi o Professor Girafales quem pôs a menina onde a Paty se sentava. Pra colocar aquilo, era melhor não ter colocado nada.

HOJE DE MANHÃ, NA ESCOLA, o Professor Girafales nos contou a história de Cristóvão Colombo, que é muito interessante.

Cristóvão Colombo foi um explorador que certa vez visitou a rainha da Espanha e lhe disse que tinha muita vontade de descobrir a América. A rainha disse que a ideia era boa e perguntou por que ele ainda não havia começado a busca. Aí Colombo falou que não tinha dinheiro suficiente pra viagem, então a rainha lhe disse:

— Não se preocupe, estou com você!

A rainha, que se chamava Isabel e cujo sobrenome era "a católica", vendeu algumas joias muito valiosas, conseguiu dinheiro pra comprar três barcos com seus respectivos marinheiros, e os deu de presente pra Colombo.

Pouco depois, Colombo saiu todo contente pra descobrir a América. Ele ia no barco principal, que se chamava Santa Maria. Os outros dois chamavam-se Pinta e Niña. Não devem ter sido barcos muito bons, porque quando falava deles, Colombo não os chamava de barcos, e sim de caveiras[9], mas o fato é que se alguém te presenteia, você não pode fazer exigências.

Mas não era fácil descobrir a América, porque pra isso havia um problema bem sério: ninguém sabia onde ela estava. Porém, quando menos esperavam, um marinheiro começou a gritar:

— Terra à vista!

Aí foram se informar e perceberam que se tratava da América.

[9]No original, o Chaves confunde "carabela" (caravela) com "calavera" (caveira). (N. do T.)

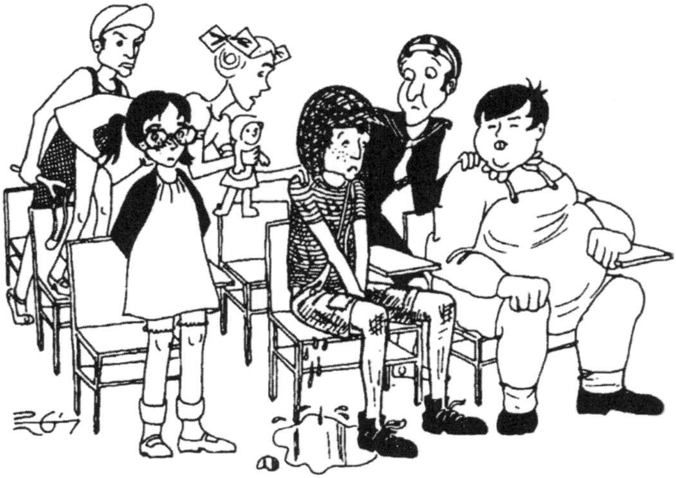

Lá, havia um monte de indígenas que se assustaram muitissíssimo quando viram que os exploradores sabiam montar a cavalo. Os indígenas não conheciam cavalos e acharam que eram metade homem, metade animal (a metade animal era a parte de baixo). Mas, depois, os exploradores tiveram que desmontar pra irem ao banheiro, foi então que os indígenas perceberam que eram pessoas como eles, só que barbadas, e pensaram: "Menos mal".

Logo, os homens que chegaram à América notaram que muitos indígenas viviam em pirâmides.

E havia outros que morriam em pirâmides.

Os que morriam nas pirâmides tinham o coração arrancado por uma coisa parecida com uma faca. Diziam que eram sacrifícios humanos, mas acho que não eram humanos, muito pelo contrário, eram bastante desumanos.

Além disso, tinha outros que comiam os mortos. Pelo menos até terem sido ensinados pelos exploradores que não era permitido comer carne de gente, principalmente na Quaresma.

Em seguida, Cristóvão Colombo voltou à Espanha e a rainha perguntou:

— E aí? Como foi?

Ele respondeu:

— Até aqui, tudo bem.

Colombo estava tão contente de ter descoberto a América que teve vontade de descobri-la de novo.

No total, descobriu-a quatro vezes. E assim foi, até que morreu.

O que será que a Paty está fazendo?

ESTA NOITE, O QUICO nos convidou pra assistir a um jogo de futebol na sua casa, mas logo chegou a Dona Florinda e disse que futebol era um esporte que só interessava à gentalha.

Ela acrescentou que gostava de novelas, por isso, trocou de canal e deixou numa novela. O pior de tudo foi que nem o Quico reclamou, porque o idiota começou a assistir tranquilamente à novela, em companhia da mãe e da Pópis.

Aí, quando eu estava quase indo embora, o Professor Girafales entrou na casa da Dona Florinda com bastante pressa e disse:

— Vamos, Dona Florinda, ponha no canal onde está passando o futebol!

Isso fez com que ela ficasse com aquela cara de vela derretida.

— Quer que ponha em qual canal?

— No que está exibindo o futebol — disse o Professor. — Você não sabe que hoje é a final do campeonato?

Aí Dona Florinda perguntou pro Professor se gostava de futebol, e ele respondeu que sim, que adorava. A Dona Florinda disse que ela também. Sendo assim, em pouco tempo todos estávamos assistindo ao jogo.

Graças a isso, pude aprender muito sobre futebol. Por exemplo, pra ser um bom jogador, primeiro é preciso dar muitos chutes, porque aí talvez alguém te passe a bola de vez em quando. Em seguida, é necessário chegar perto do jogador adversário e puxá-lo pela camisa, calção, braços ou cabelos. Depois, tem que se jogar no chão pro juiz marcar pênalti.

Aprendi que alguns jogadores chutam melhor com a perna direita e outros com a esquerda. Também, que tem uns que chutam melhor com a cabeça. Além dos jogadores, no campo há juízes e bandeirinhas.

Os juízes estão lá pra expulsar os competidores que reclamam de alguma coisa, e os bandeirinhas servem pra levantar a bandeira toda vez que alguém marca um gol.

A torcida se diverte muito jogando no campo todo tipo de objeto, como rojões, garrafas, laranjas chupadas, rolos de papel higiênico e por aí vai. Uns querem que um time ganhe e outros querem que ganhe o outro time. Mas, quando o seu adversário marca um gol, o que marcou estava impedido.

Quem conversa durante o jogo é chamado de comentarista e tem outro que se chama cronista. Ah, também tem um cujo nome é Galvão. Todos eles, segundo o Professor Girafales, competem entre si, mas pra ver quem consegue destruir mais o idioma:

— Que absurdo! Não se diz "recepcionou", e sim "recebeu". — E continuou: — Não se diz "rebatimento", se diz "rebatida". — E coisas assim.

Seja como for, futebol é muito bonito.

ONTEM, ENQUANTO ENTRÁVAMOS na sala de aula, matei uma aranha com um pisão. O chato foi que a aranha estava em cima do sapato do Professor Girafales, que ficou muito bravo e brigou comigo. Na verdade, ele se enganou, porque em vez de brigar comigo, devia ter me agradecido, já que salvei a vida dele evitando que a aranha o picasse. Depois, ele falou que não era venenosa e que, portanto, não tinha perigo. Só que não tem como perguntar às aranhas se elas são venenosas ou não. O melhor é dar logo um pisão e ver isso depois. Aí o Professor nos perguntou:

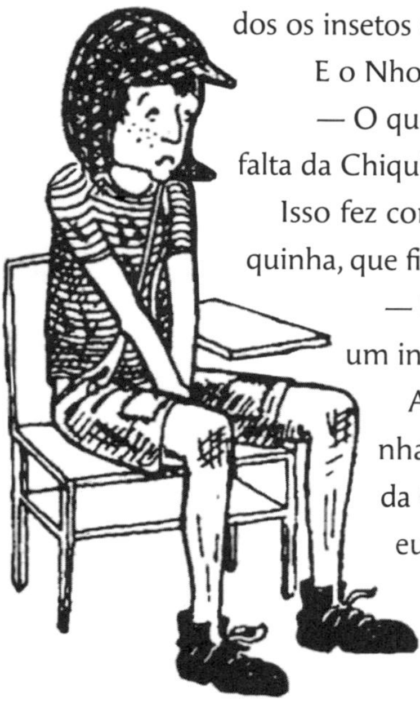

— Vocês sabem o que aconteceria se matássemos todos os insetos que há no mundo?

E o Nhonho respondeu:

— O que aconteceria é que sentiríamos muita falta da Chiquinha.

Isso fez com que todos ríssemos, menos a Chiquinha, que ficou bastante séria e disse ao Nhonho:

— Pois fique você sabendo que prefiro ser um inseto do que um elefante.

Aí começaram a brigar, mas como minha carteira fica entre a do Nhonho e a da Chiquinha, a maioria das pancadas fui eu que levei.

O bom foi que o Professor Girafales separou logo os dois briguentos.

Depois, explicou que se matássemos todos os insetos do mundo, aconteceriam várias coisas ruins. Uma delas é que morreriam várias plantas, que precisam dos insetos pra levarem o pólen (que é um pozinho que as flores usam pra ter florezinhas) de uma pra outra.

Aí eu comentei que seria impossível matar todos os insetos do mundo, porque a quilômetros percebe-se que há mais insetos do que pessoas no mundo. Por isso, bastaria que eles se juntassem contra nós pra acabar com a gente.

O Professor disse que eu tinha razão, mas que, mesmo assim, havia outros animais se esgotando.

Então a Pópis disse que, se estão se esgotando é porque estão fazendo exercícios demais, porém, o Professor explicou que esse "esgotar" é no sentido de "acabar", "extinguir". Como exemplo, falou que uma ave chamada Pássaro de Fogo está à beira da extinção. Depois, ele nos perguntou:

— Vocês sabem quem está fazendo com que isso aconteça? — E o Godinez respondeu:

— Se o pássaro é de fogo, quem deve estar extinguindo ele são os bombeiros.

Mas o Professor disse que é o ser humano que está acabando com esses pássaros, além de fazer o mesmo com muitos outros animais.

Apesar disso, reconheceu que também tem animais que prejudicam a humanidade. Aí o Quico falou que um exemplo é a pulga, que, se não bastasse incomodar as pessoas, incomoda também os cachorros. Ou seja, prejudica não só a humanidade, mas também a "cachorridade".

Depois, a Pópis lembrou que ela foi prejudicada por um cavalo, porque a derrubou quando ia montá-lo. Mas se deu conta de que a culpa tinha sido dela mesma, pois a tonta tentou subir pela direita quando o cavalo estava virando pra esquerda. O caso é que a Pópis não sabe montar. Bom, também não sei, mas imagino que não seja tão difícil. Tudo é uma questão de saber se equilibrar e segurar bem as rédeas. Aí a Chiquinha disse que eu tinha razão.

— Só que tem uma coisa muito importante — acrescentou ela. — Entre você e o cavalo, só o cavalo pode agarrar as rédeas com o focinho.

Depois, o Nhonho comentou que seu pai também tinha sido prejudicado por um cavalo, mas a Chiquinha disse que certamente deveria ter sido o contrário: que o Senhor Barriga é que deve ter prejudicado o cavalo ao montá-lo, porque não há cavalo que aguente tantissíssimo peso. Porém, o Nhonho falou que o pai nunca montou num cavalo, então, perguntamos se algum cavalo tinha dado um coice no pai dele, e ele respondeu que não, que também não era isso, que na verdade falava de um cavalo que havia prejudicado seu pai porque chegou em último lugar no hipódromo.

Quando me perguntaram, respondi que os animais que mais perturbam são os cães quando estão com raiva e os gatos quando querem arranhar.

Finalmente, a Chiquinha disse que o animal que mais tem prejudicado a humanidade é a cegonha.

ONTEM À TARDE, a Dona Clotilde deu umas panquecas pro Seu Madruga.

A Chiquinha disse que as panquecas podiam ter alguma bruxaria pra enfeitiçar seu pai, porque o Seu Madruga nunca quis se casar com a Dona Clotilde, que é o que ela mais quer na vida. Aí a Chiquinha me falou que precisava se sacrificar provando uma das panquecas no lugar do pai. Por isso, comeu uma panqueca. Então eu disse que também queria me sacrificar um pouquinho. Por isso, também comi uma panqueca.

E depois continuamos nos sacrificando até que acabamos com todas as panquecas.

Como é bonito se sacrificar pelos outros!

O chato foi que quando o Seu Madruga chegou, eu estava me sacrificando com a última panqueca, e ele se irritou demais comigo. Com a Chiquinha não deu pra se irritar porque ela não estava mais por perto. É que, pela janela, a Chiquinha viu o pai voltando pra casa e lembrou que tinha uma coisa importante pra fazer.

Ou seja, a Chiquinha não pôde me ajudar a explicar pro pai dela que havíamos nos sacrificado por ele, e como o Seu Madruga é muito burro, não entendeu nada. Ainda por cima, me deu uns cascudos.

Pópis

O PROFESSOR GIRAFALES me deixou de castigo porque falei que o Quico é idiota. E isso não está certo, porque o Professor nos diz toda hora que sempre devemos falar a verdade.

Bom, talvez eu esteja enganado. Mas não tanto, porque falei que o Quico era idiota de nascença, e a Chiquinha disse que não, que ele não era idiota de nascimento, e sim por maioria de votos.

Fizemos uma votação entre todas as crianças da sala de aula, e o resultado foi que o único voto contra veio do próprio Quico. Com isso, ele demonstrou que é mais idiota do que pensávamos, pois só os idiotas não se dão conta de que são idiotas.

Quer dizer, até a Pópis votou a favor, e isso porque é prima do Quico! Mas isso também se nota!

Por exemplo: um dia, o Professor Girafales estava falando dos quatro pontos cardeais, e a Pópis disse que os cardeais são como os bispos, só que usam outro chapeuzinho.

E outro dia, o Professor dizia que o México tinha perdido metade do seu território, e aí a Pópis falou:

— É porque não presta atenção no lugar onde deixa as coisas.

O Professor Girafales disse que a escola é a fonte do saber, e que nós, crianças, vamos lá pra beber dessa fonte. Mas a Chiquinha comentou que a Pópis nunca bebeu nem uma gota dessa fonte do saber. No máximo, fez uns gargarejos.

O que acontece é que, segundo a Chiquinha, a Pópis é a pessoa mais idiota da escola, mas eu acho que o Quico ganha dela.

Bom, também temos que levar em conta que a Pópis e o Quico são primos. Ou seja, é mal de família.

O Nhonho falou que nem a Pópis, nem o Quico usam o cérebro. Apesar disso, acho que é uma boa, porque se uma coisa não serve, é melhor não usar.

DIZEM QUE HÁ UM LADRÃO na vizinhança, pois ultimamente muitas coisas têm desaparecido. Se bem que as coisas também podem ter desaparecido por causa de algum feitiço da Bruxa do 71. Perguntei pra ela, mas ela disse que não. Aliás, a Bruxa do 71 ficou muito brava comigo por ter feito essa pergunta, porque disse que era a mesma coisa que chamá-la de bruxa. Só que isso é mentira, porque nem ouso pensar que a senhorita Clotilde é uma bruxa. Vai que ela lê o meu pensamento e me transforma num sapo.

Na verdade, é provável que tenha um ladrão na vila, o que é errado, porque ninguém deve furtar as coisas que pertencem aos outros.

Alguns acham que o ladrão pode ser o Seu Madruga.

Não acredito que seja, porque outro dia furtaram o ferro de passar roupa da Dona Florinda, e o Seu Madruga jamais se atreveria a tanto, porque sabe que a Dona Florinda pode quebrar tudo aquilo que ele chama de cara... Igual aconteceu uma vez, quando ela lhe deu meia hora de cacetadas e avisou que na próxima seria pior.

Jaiminho, o Carteiro, também não seria capaz de furtar, porque ele prefere evitar a fadiga.

Seu Madruga

Teve aqueles que disseram que o ladrão era eu, mas isso é mentira. Fiquei arrasado. Até hoje, só surrupiei algumas coisas de comer. Como daquela vez em que peguei um pedaço do bolo que a Dona Clotilde deixou na janela da sua casa. Mas foi sem querer querendo, porque eu não queria roubar o pedaço do bolo, só queria experimentar. O caso é que resolvi experimentar mais um pouquinho.

E depois experimentei o resto.

O Senhor Barriga continua pensando que o Seu Madruga é o ladrão da vila, já que continua sem pagar o aluguel.

A Chiquinha disse que uma coisa não tem nada a ver com a outra, pois os ladrões vivem escondidos e disfarçados, enquanto o Seu Madruga sempre anda com a cara à mostra. Apoiei a Chiquinha, pois lhe disse que, tendo a cara do Seu Madruga, era preciso ser muito corajoso pra deixá-la à mostra.

A Chiquinha não gostou do que falei, e ainda garantiu que isso não servia pra apoiar o pai.

Depois, ela mesma comentou que estava falando dos que cobrem a cara com lenços ou com o que seja, e que não se pode confiar neles.

Sobre isso, o Senhor Barriga concordou, mas nos contou que também há vários outros, que andam de terno e gravata, que são os que mais roubam.

Ele nos explicou que esses ladrões de terno e gravata frequentemente se disfarçam de coisas que nós, crianças, ainda não conseguimos compreender muito bem, mas que em breve, quando formos adultos, encontraremos aos montes por aí.

Mas as pessoas continuam falando sobre o ladrão que age na vila. Eu disse que queria ser o Chapolin Colorado pra poder pegá-lo, mas o Quico disse que eu não sirvo pra isso.

Então, eu falei que sim, que inclusive tinha um plano pra pegar o ladrão, que consistia em deixar alguma coisa à vista de todo mundo e ficar espiando pra descobrir quem é que aparecia pra furtar.

O Quico gostou da ideia, pois disse que seria como brincar de polícia e ladrão, só que de verdade. E aí combinamos que era isso que a gente ia fazer.

Tomara que dê certo.

À noite, fizemos o que tínhamos planejado: o Quico trouxe da casa dele o liquidificador que sua mãe usa pra cozinhar e o colocamos no meio do pátio. Depois, nos escondemos e ficamos espiando pra ver quem vinha roubá-lo.

Logo após, chegou o Seu Madruga, que tropeçou no liquidificador e caiu como um chimpanzé reumático. Então se levantou irritadíssimo e deu um chute no liquidificador. Mas tenho certeza de que doeu mais nele do que no liquidificador, porque o Seu Madruga entrou em casa mancando (e xingando muitos palavrões).

No entanto, não roubou o liquidificador, o que comprova que o Seu Madruga não é o ladrão da vila.

O chato foi que, com o chute, o liquidificador foi parar num canto que não era fácil de ser visto pelas pessoas que passavam.

Um tempo depois, o Quico e eu vimos que passava pelo portão um sujeito que não mora na vila, e que andava com um jeito meio bobão. Ele já estava quase saindo de novo quando viu o liquidificador. Aí o pegou e saiu correndo a toda velocidade.

Então, o mais provável é que aquele cara seja o ladrão. Como eu suspeitava, não mora na vila.

Hoje cedo, vimos que a Dona Florinda estava muito preocupada, dizendo que o ladrão tinha entrado na sua casa e roubado o liquidificador novinho.

Só o Quico e eu sabemos que o ladrão não entrou na casa dela, e sim que roubou o liquidificador no pátio. Porém, decidimos não falar nada até termos certeza absoluta.

Sendo assim, à noite fizemos a mesma coisa que na anterior, só que desta vez o que levamos pro pátio foi uma cafeteira elétrica, que o Quico também trouxe de casa. O resultado foi igualzinho, porque o mesmo sujeito entrou na vila e apanhou a cafeteira.

É muita coincidência, né?

A Dona Florinda continua sem saber a verdade, porque hoje de manhã comentou que roubaram sua cafeteira elétrica. Ela ainda suspeita que o ladrão entrou na casa dela pra roubar; nem sequer imagina que a cafeteira estava no pátio quando foi levada.

Só que o Quico e eu vimos com toda a clareza ao espiarmos.

Pra que não restasse nenhuma dúvida, decidimos tirar a prova uma terceira vez. Estou apenas esperando que o Quico saia de casa com a torradeira que o Professor Girafales acabou de dar de presente pra Dona Florinda. Também vamos deixá-la no meio do pátio e ficar espiando pra ver quem vai furtá-la. Mas, com certeza, vai ser o mesmo sujeito.

À noite fiquei esperando, esperando, e nada de o Quico sair de casa com a torradeira. Acho até que acabei dormindo.

Hoje, lá pelo meio-dia, a Chiquinha me contou que ouviu uma conversa entre a Dona Florinda e o Professor Girafales, e que a mãe do Quico estava tristíssima, porque tinha surpreendido o filho quando tentava roubar a torradeira que havia ganhado do Professor.

O pior de tudo foi que, segundo o que a Chiquinha ouviu, o Quico disse que tudo tinha sido ideia do Chaves (que sou eu). Ou seja, agora, nem morto me aproximo da casa da velha coroca.

De tudo isso, a única coisa boa foi que a Dona Florinda contou de que maneira pegou o Quico de surpresa: ficando acordada pra espiar e ver quem entrava pra furtar.

Ou seja, copiou meu plano descaradamente.

GOSTO MUITO DE OUVIR MÚSICA. Mas só quando a música é bonita. Ou seja: quando você sente coisas bonitas ao ouvi-la. Por outro lado, tem músicas que mal começam a tocar e dá vontade de tapar os ouvidos.

O Professor Girafales disse que há três tipos de notas musicais: pretas, brancas e redondas. Mas acho que ele se enganou, porque, na verdade, todas são redondinhas. O que é diferente é que algumas têm um tracinho e outras não. Os tracinhos também são diferentes, porque às vezes vêm com umas bandeirinhas.

O Professor também disse que as brancas valem o dobro das pretas, mas a Chiquinha falou que só os racistas pensam assim. Ou seja, os racistas, os brancos que não gostam de negros.

Depois, o Professor nos perguntou se sabíamos quais eram as redondas, e eu disse que as redondas eram as irmãs do Nhonho.

Todo mundo caiu na risada, menos o Nhonho, que me tacou um bilboquê de madeira maciça na cabeça e me fez sangrar pra caramba. Aí eu disse pra ele:

— Da próxima vez, taca a sua irmã! Então a Pópis disse:

— Não, Chaves, você seria esmagado!

Seja como for, o Professor teve que separar a gente.

Em pouco tempo, a aula recomeçou, e o Professor Girafales falou que na música não só o som é importante, mas também o silêncio (principalmente quando o Quico está cantando!).

Depois, quando fomos pro recreio, o Nhonho me pediu pra devolver o bilboquê. Devolvi, mas bem no meio da pança dele.

ONTEM, O SEU MADRUGA me convidou pra assistir a uma tourada na televisão, mas gosto mais de futebol.

Na corrida ganharam os toureiros. Isso que eram seis touros e só três toureiros!

É verdade que os touros têm chifres e os toureiros não, mas, por outro lado, os toureiros têm espadas e os touros não têm.

Além disso, os toureiros são ajudados pelo picador, que é um sujeito gordo a cavalo que carrega um tipo de lança. Há também os que pegam e cravam bandarilhas nos touros quando eles estão distraídos.

A primeira coisa que os toureiros fazem é desnortear o touro com uma capa que de um lado é vermelha e do outro não. E como os touros não gostam de vermelho, o que tentam fazer é dar chifradas na capa. Por isso, o toureiro tem que ficar bem atento pra tirar a capa antes que o touro dê uma chifrada. Mas tem touros que são mais espertos do que os toureiros, fingem que vão dar uma chifrada na capa, e o que fazem é chifrar o toureiro.

Godinez

As chifradas doem muitississíssimo, porque chegam a tirar sangue. Depois, bandarilhas são enterradas nas costas do touro, o que também dói muitissíssimo, afinal os touros sentem dor como nós, só que não falam a nossa língua e, por isso, não dizem nada. Mas dá pra perceber.

Então, os toureiros pegam outra capa, que se chama muleta, mas que não tem nada a ver com aquelas que algumas pessoas usam pra caminhar (pois são de pano).

As muletas servem pro toureiro continuar toureando mais um pouco.

Só que, antes disso, o picador já enterrou sua lança no touro, e isso também dói muitissíssimo.

Não sei se os touros têm lágrimas, como todos nós, e, como não os vi de pertinho, não sei se estavam chorando, mas fazem tanta maldade com eles que acho que sim. E até os matam depois.

HOJE NA ESCOLA, na hora do recreio, em vez de brincar, ficamos falando sobre a História do Brasil[10].

O Nhonho disse que Dom Pedro I passou muito mal e ficou a noite inteira gritando porque estava com dor de barriga; mas a Pópis falou que não, que ele ficou doente porque passou a noite do dia 7 de setembro de 1822 dando gritos no Ipiranga.

O que sabíamos era que o melhor amigo de Dom Pedro I se chamava José Bonifácio. Ele também tinha uma grande amiga que se chamava Princesa Isabel, que ficou muito

[10]Na versão original, fala-se da História do México. Adaptou-se aqui como na dublagem dos episódios do seriado. (N. do T.)

famosa porque colocaram seu retrato nas antigas notas de 50 pratas. Aliás, o Professor Girafales chamou a atenção da Chiquinha, pois quando perguntou a ela quem havia sido o maior inimigo da Princesa Isabel, a Chiquinha respondeu:

— Quem desenhou ela nas notas de 50.

Na sala também houve outra discussão quando o Professor perguntou qual havia sido o maior obstáculo dos Inconfidentes. Eu disse que eram os sinais de trânsito e a Pópis que eram os guardas. O Godinez falou que eram os buracos, mas a Chiquinha disse que não, que não tem buracos na Inconfidentes, e sim nas outras ruas. Depois o Nhonho falou que, pro pai dele, o maior obstáculo da Inconfidentes é que não se pode estacionar carros por lá. Os demais alunos falaram outras coisas, e quando a conversa começava a ficar animada, o Professor disse que não estava falando da Avenida dos Inconfidentes, e sim da Inconfidência, movimento para acabar com a dominação de Portugal e criar um país livre no Brasil. O ruim foi que, mesmo com boas intenções, o líder Tiradentes e seus amigos não estavam bem organizados.

Ou seja: a mesma coisa que acontece na Avenida dos Inconfidentes.

O mais triste de tudo foi que o Tiradentes não pôde ver a independência do Brasil porque, antes disso, foi enforcado. Assim, a vitória dos Inconfidentes tem mais mérito ainda, pois, desde o início, eles tinham um homem a menos.

Pior que, depois da independência, continuaram discutindo uns com os outros, até que Dom Pedro II foi derrubado e o Brasil virou uma república. Desde então, no Brasil, não tem mais imperadores, mas todos querem ser presidentes.

A CHIQUINHA PEGOU EMPRESTADO com o Jaiminho o ferro de passar roupa. Perguntei por que ela queria o ferro, sendo que nunca passava as roupas, pois quem sempre fazia isso era sua bisavó... Então ela respondeu que queria o ferro pra passar a Serafina, a boneca da Pópis.

A Pópis ficou muito brava quando soube o que a Chiquinha queria fazer com sua boneca, mas a Chiquinha disse que isso era o que todas as atrizes da televisão faziam ultimamente: passar a cara. Como exemplo, nos mostrou uma revista com um monte de fotos, que dizia que diversas artistas haviam feito isso.

A bem da verdade é que, pelas fotos, dava pra notar que as atrizes tinham ficado mesmo com a pele mais lisinha, ou melhor, não tão enrugada como antes.

A Chiquinha falou que faziam isso numa cirurgia, mas que, no fim, era a mesma coisa que passar o ferro na cara.

De todo modo, a Pópis ficou na dúvida, e disse que só deixaria a Chiquinha passar a cara da sua boneca se primeiro passasse a cara da sua bisavó, a Dona Neves (que tem a pele mais enrugada do que a de uma tartaruga velha). Só que a Dona Neves afirmou que não permitiria isso nem se estivesse louca.

Portanto, a Pópis continuou duvidando que se pudesse melhorar a cara das pessoas com cirurgia. Se bem que, nas fotos da revista, também dava pra perceber que havia narizes muito diferentes (diferentes dos que havia antes, porque os novos eram todos iguaizinhos). Além disso, havia pálpebras que não se pareciam mais com guarda-chuvas quebrados e papadas que não pareciam mais com balões murchos.

A Chiquinha disse à Pópis que não só se pode melhorar a cara das pessoas, como também o corpo. Aí a Pópis falou pra ela:

— E o que você tá esperando pra que coloquem o meio metro de altura que te faz tanta falta?

Sorte que a Pópis se abaixou quando a Chiquinha tacou o ferro na cabeça dela.

POR FALAR EM CIRURGIAS capazes de mudar as pessoas, me lembrei que uma vez o Nhonho nos contou que tem primos que são gêmeos (nascidos no mesmo dia) e muito parecidos (principalmente um deles, o outro nem tanto).

O que aconteceu foi que um dos seus primos nasceu com os rins não muito bons (não perceberam antes porque os rins ficam do lado de dentro). Foi então que se lembraram que o irmão gêmeo era muito parecido, e que, assim, poderia doar um dos seus rins, já que cada pessoa tem dois.

E assim o fizeram.

A verdade é que não imaginava como uma pessoa poderia dar uma parte do seu corpo pra outra, porque não se pode dizer:

— Olha, te empresto o meu nariz e depois volto pra buscar.

Mas o Nhonho nos disse que os médicos é que cuidavam disso, e que era possível fazer o mesmo com pulmões, coração, fígado, bucho, maminha, língua e por aí vai.

Então caímos na gargalhada só de pensar como ficaria o Seu Madruga se o Quico desse pra ele suas bochechas de buldogue velho. Ou a Pópis com os bigodes do Jaiminho, o Carteiro. Ou eu, com as patas do Mestre Linguiça. Ou a Chiquinha com a bunda do Nhonho.

Quico

HOJE PELA MANHÃ fiz um favor pra Dona Clotilde, e como pagamento ela me deu um sanduíche de presunto. Mas, quando eu ia começar a comer, chegou o Quico e, com um tapa, jogou meu sanduíche longe, dizendo que ele devia ter alguma coisa ruim, já que havia sido preparado pela Dona Clotilde, que é uma bruxa.

Aí me lembrei de uma coisa que o Nhonho tinha dito: que ainda não estava totalmente comprovado que a Dona Clotilde era uma bruxa. Por isso, peguei o sanduíche do chão pra comê-lo, mas o Quico ficou desesperado e voltou a me tirar o sanduíche com outro tapa. Fiquei com vontade de pegar o Quico e partir tudo aquilo que ele chama de cara, mas não o fiz, porque o mais urgente era pegar o sanduíche pra comer.

O chato foi que a Bruxa do 71 percebeu e me disse pra não pegar o sanduíche do chão, porque já tinha sido beijado pelo diabo. Mas eu não vi nenhum diabo por ali, portanto, peguei o sanduíche pra comer. Aí o Quico voltou e o jogou longe de novo, com mais um tapa.

Então achei que era melhor primeiro quebrar a cara do Quico e, em seguida, pegar o sanduíche do chão.

Mas o Quico saiu correndo outra vez e, na corrida, deu um pisão no sanduíche. Ou seja, não me restava opção senão pegar o Quico e dar umas boas bofetadas nas suas bochechas de buldogue velho.

Mas o Seu Madruga me disse que isso seria cometer um ato de vingança. E também falou que "a vingança nunca é plena, mata a alma e a envenena".

Acho que o Seu Madruga estava certo em dizer aquilo, mas também acho que podia ter esperado pra me dizer depois que eu tivesse quebrado a cara do Quico.

NA ESCOLA NOS EXPLICARAM a diferença entre um reino e uma república: num reino, quem manda é o rei, e numa república, quem manda é o presidente.

Pra que alguém seja rei, quem o escolhe é seu pai, que é o rei que ocupava essa posição. Por outro lado, pra que alguém seja presidente, quem o escolhe são os políticos.

Nosso país não é um reino, e sim uma república. Por isso, aqui não se deve dizer, por exemplo, que uma árvore pertence ao reino vegetal, e uma pedra, ao reino mineral. Devemos dizer que a árvore pertence à "república vegetal", e a pedra, à "república mineral".

Pelo mesmo motivo, também não se deve dizer que num lugar reinava a desordem, e sim que "republicava a desordem". E o leão não é o rei da selva, e sim o "presidente da selva". Assim, na hora de rezar, devemos dizer: "Pai nosso, que estais no Céu, santificado seja o vosso nome, venha a nós a vossa 'república'... etc."

HOJE, AO LONGO DE TODO O DIA, Jaiminho, o Carteiro, não saiu de casa pra nada. A Chiquinha e eu achamos que ele podia estar doente, porque tinha acontecido isso uma vez, então resolvemos ir até lá perguntar pra ele.

Mas, da última vez, tivemos muito trabalho porque a porta estava fechada por dentro com um trinco. E o Jaiminho não respondia, por mais que batêssemos à porta e chamássemos por ele.

O que aconteceu naquela ocasião foi que o pobre do Jaiminho estava tão fraco que não tinha nem força pra levantar o trinco.

Por isso, quando finalmente melhorou, decidiu que o melhor era que sua casa não tivesse trinco. Ele tinha razão, porque o trinco das portas só serve pra que não entrem ladrões. E que ladrão vai querer entrar numa casa onde não tem nada pra roubar?

Antigamente, sim, havia algo que se poderia roubar: a bicicleta do Jaiminho. Mas já faz mais ou menos quatro semanas que ele a vendeu, pois precisava de dinheiro pra comprar remédios.

A parte ruim é que, pelo jeito, os tais remédios não eram tão bons assim.

O PROFESSOR GIRAFALES nos contou que a História começou a ser escrita há milhões de anos, ou seja, tiveram tempo mais do que suficiente pra terminar de escrevê-la, não?

Porque, nesse ritmo, não vão terminar nunca.

Depois, escreveu uma coisa na lousa e mandou a gente copiar. O que copiei foi isto:

> *Devemos estudar História sem gerar sentimentos de ódio, sem espírito de vingança. Não para piorar as coisas, e sim para melhorá-las. Em uma palavra: com amor.*

Como não entendemos muito bem o que ele queria dizer, mais tarde nos explicou que há certos livros e professores que, com suas lições de História, nos ensinam a odiar o próximo. Por exemplo: os espanhóis, por terem dominado o México; os norte-americanos, por terem ficado com metade do território mexicano; os franceses, por terem imposto ao México um imperador que não era lá essas coisas. Mas isso é muito ruim. Não devemos odiar ninguém.

Menos ainda, odiar uma pessoa por aquilo que seus antepassados fizeram de errado. Por exemplo: sabe-se que entre os espanhóis que dominaram os mexicanos havia de tudo:

maus, regulares e bons. Os maus levaram todo o ouro e toda a prata que podiam, além de terem maltratado os índios, que tinham que fugir escondendo-se na mata virgem (aliás, o Professor explicou que se chama "mata virgem" aquela que o ser humano não explorou, então, depois que chegaram os espanhóis, nem a mata continuou virgem). Os bons, por outro lado, defendiam os indígenas e lhes ensinavam a fazer coisas úteis. Destes, os melhores eram os missionários, que, além de tudo, ensinavam aos indígenas o que fazer pra manter a alma limpa (os indígenas, por sua vez, ensinavam aos espanhóis o que fazer pra manter o corpo limpo).

Ainda que levássemos em conta só os maus, os espanhóis de hoje não são mais aqueles que nos dominaram. Portanto, não devemos odiar alguém pelo que seus antepassados fizeram. É como se o Quico se odiasse porque seus pais o fizeram tão feio.

Depois, o Professor Girafales nos disse que também não devemos odiar os norte-americanos (que continuam sendo os gringos) por terem tomado metade do território do México (a propósito, o Seu Madruga contou que tomaram a melhor parte, onde estão as melhores estradas e tudo mais). O Professor falou que não foi culpa só deles, mas também de muitos mexicanos que preferiram lutar entre si a se defender deles. E isso está errado, porque, se entram na sua casa pra roubar, o mais importante é se defender dos ladrões, antes de brigar com seus irmãos.

De qualquer forma, acho que aqueles gringos também não são os mesmos de hoje. Ou seja: tudo é questão de rezar e pedir a Deus que os de hoje não sejam piores do que os de ontem.

Mais tarde, o Professor nos explicou a história do imperador que os franceses puseram no México: chamava-se Maximiliano[11], mas o mais curioso é que não era francês, e sim australiano[12]. Dizem que ele nasceu na ambulância[13], porque era da família dos Absurdos[14].

Aí o Godinez disse que, por outro lado, quem tinha sido francês era Pancho Villa, só que o Professor perguntou a ele de onde tinha vindo a informação de que Pancho Villa era francês... E o Godinez falou que era Francesco Villa. Depois, a Chiquinha perguntou o seguinte: se Maximiliano não era francês, por que se dizia que era uma invasão de franceses? O Professor respondeu que quem tinha enviado Maximiliano foi o imperador da França, que se chamava Napoleão. Aí a Chiquinha comentou que esse ela conhecia, pois tinha ficado muito famoso pela sua pobreza. Mas o Professor disse que não, que Napoleão não tinha sido pobre, e a Chiquinha respondeu:

— Mas eu ouvi que ele andava com uma mão na frente e outra atrás! — Ela disse isso rindo, sabe-se lá o porquê.

O Professor Girafales falou pra Chiquinha que, em primeiro lugar, ela estava falando de Napoleão Primeiro (e escreveu na lousa assim: "Napoleão I"), e que ele estava se referindo a Napoleão Terceiro (e escreveu assim: "Napoleão III"). Aí perguntei se não eram a mesma pessoa, e o Professor me disse

[11]Maximiliano de Habsburgo-Lorena, foi o único monarca do Segundo Império Mexicano, entre 1864 e 1867. (N. do T.)

[12]É óbvio que o Chaves não ouviu bem quando o Professor disse "austríaco". (N. do A.)

[13]O Professor não terá dito que o imperador nasceu na "opulência"? (N. do A.)

[14]Não há dúvida: o Professor deve ter dito "Habsburgo". (N. do A.)

que não. Como é que o primeiro podia ser o mesmo que o terceiro? É que eu achava que eram a mesma pessoa, só que iam colocando tracinhos conforme ela fazia aniversário...

Aí o professor deu um suspiro e pediu que voltássemos a copiar o que estava no quadro.

E, portanto, voltei a copiar:

> *Devemos estudar História sem gerar sentimentos de ódio, sem espírito de vingança. Não para piorar as coisas, e sim para melhorá-las. Em uma palavra: com amor.*

NA MANHÃ DE HOJE, a Dona Florinda me deu duas pratas por um favor que fiz pra ela. Aí chegou a Chiquinha e me aconselhou a enterrar o dinheiro num vaso e dizer pra Dona Florinda que alguém havia me roubado. Perguntei o que ganharia com isso, e a Chiquinha me respondeu que eu ganharia duas coisas: a primeira é que a Dona Florinda ficaria com pena de mim por ter sido roubado e, portanto, me daria outra moeda. A segunda é que, depois de ter plantado o dinheiro no vaso, ali cresceria uma árvore de dinheiro que todos os anos me daria muitissíssimas moedas.

A ideia me pareceu muito boa e, então, fui correndo plantar meu dinheiro num vaso.

Depois, avisei o Jaiminho que não se preocupasse mais com a quantia que gastava com remédios, pois muito em breve eu ia poder emprestar o quanto ele precisasse. Ele me perguntou como eu ia conseguir o dinheiro, e quando lhe expliquei a história da árvore de notas, me falou que isso era mentira, porque o dinheiro não se reproduz como as laranjas e os limões.

Achei que o Jaiminho tinha razão, porque ele entende muito de plantas e essas coisas. Aí fui desenterrar a minha moeda, mas, quando me dei conta, tinha desaparecido. Ou seja, alguém tinha roubado.

Isso me deixou muito triste, aí comecei a chorar e me enfiei no barril.

Logo a Chiquinha apareceu e me perguntou por que eu estava chorando, e eu lhe contei que alguém tinha levado o dinheiro que estava enterrado no vaso. Aí a Chiquinha me disse:

— Isso mesmo, Chavinho, está fazendo direitinho! Quando a Dona Florinda vir você chorando assim, desse jeito realista, certamente vai acreditar que roubaram seu dinheiro.

Falei pra ela que era justamente o que tinha acontecido, que alguém havia mesmo roubado minha moeda, mas a boboca não entendia e continuava insistindo:

— Ora, ora, Chaves, que bom ator você é!

Aquilo me deu muita raiva e falei pra ela parar de ser tonta, que não estava representando, e sim falando a verdade. De nada adiantou, porque a Chiquinha continuou sem entender.

Estávamos discutindo isso quando o Professor Girafales apareceu e nos perguntou o que estava acontecendo. Expliquei tudo, mas quando terminei percebi que a Chiquinha não estava mais lá, então não consegui provar pro Professor o que eu disse.

Aí o professor me deu de presente uma moeda de duas pratas igualzinha à que eu tinha e me falou que ia procurar a Chiquinha pra conversar com ela.

À NOITE, A CHIQUINHA me contou que tinha encontrado um menino muito malvado, que tinha roubado a moeda do vaso. Que, com certeza, ele havia me espiado enquanto eu a enterrava, e depois a desenterrou e fugiu com ela. A Chiquinha foi atrás dele, deu-lhe uns tabefes e recuperou minha moeda de duas pratas.

Por isso adoro ela.

Então fomos à loja e gastamos o dinheiro (uma prata cada um).

Enfim, a Chiquinha me disse que o que eu estava fazendo era caridade, e que as pessoas não devem ficar contando que fazem obras de caridade, senão se perde todo o mérito. Por isso, me pediu pra não contar pro Professor Girafales. Eu nunca vou contar.

FAZ UNS DIAS que a Chiquinha está morando com a bisavó, em vez de com seu pai, porque o Seu Madruga está trabalhando longe de casa.

Bom, isso foi o que a Chiquinha disse, mas acho que só metade da história é verdadeira, ou seja, é verdade que o pai está longe de casa, mas não que está trabalhando. O mais provável é que esteja procurando um jeito de ganhar dinheiro sem ter que trabalhar. Também pode ser que esteja preso.

A bisavó da Chiquinha se chama Dona Neves. Esse nome lhe cai como uma luva, porque ela tem o cabelo branquinho como a neve. Mas não é o que chamaríamos de branco. Quer dizer, não é tão branco como coco ralado, e sim parecido com polpa de pinha, mas daquelas estragadas. O chato é que, no fim das contas, a bisavó da Chiquinha é tão brava quanto o Seu Madruga, porque faz poucos dias que está aqui na vila e já me deu vários cascudos. Também pegou a mania de chorar da Chiquinha, por isso, as duas choram sem razão alguma, com um detalhe em comum: uns agudos que a gente consegue escutar a vinte quarteirões.

A Chiquinha não sabe pronunciar a palavra "bisavó", porque sempre diz "biscavó".

Aliás, sinto muito a falta do Seu Madruga, porque ele pode ser covarde, mentiroso e preguiçoso, mas também é muito simpático.

O NHONHO VOLTOU das férias e me contou que encontrou uma menina que se chama Patrícia Gimenez, que me mandou um abraço. Mas não me lembro de quem se trata.

O NATAL É A COISA mais bonita que existe.

As casas ficam enfeitadas com presépios e árvores iluminadas com luzes coloridas, que acendem e apagam. As luzes parecem estrelas.

As ruas e as lojas também ficam enfeitadas. Nas igrejas ouvem-se músicas muito bonitas.

Fui convidado pra passar a noite de Natal na casa da Dona Florinda, e me deixaram comer tudo o que eu quisesse. Lá estavam todos: o Professor Girafales, o Senhor Barriga, o Nhonho, a Dona Florinda, o Quico, a Pópis, a Chiquinha, o Seu Madruga, a Dona Neves, o Godinez, Jaiminho, o Carteiro, e a Dona Clotilde (nesse momento não vou chamar a Dona Clotilde de Bruxa do 71, porque na época do Natal é feio).

À meia-noite todos se abraçaram, mas quem mais me abraçou foi a Chiquinha. A Dona Florinda abraçou muito o Professor Girafales, e a Dona Clotilde queria abraçar muito o Seu Madruga e o Jaiminho, o Carteiro, mas eles não estavam com muita vontade.

Ao pé da árvore havia muitos pacotes, feitos com papéis de todas as cores. Eram presentes que o Senhor Barriga havia levado pra todos. Tinha até um pra mim! Era um carrinho de plástico, muitissíssimo mais bonito do que os que eu faço com as caixas de papelão.

Não fiquei muito tempo com aquele carrinho, porque, no dia seguinte, dei de presente pro filho da porteira da vila. É que o filho dela é uma criança pobre.

O PROFESSOR GIRAFALES me disse que cada vez que eu respiro, nasce uma criança no mundo. Só que não tenho como parar de respirar.

Depois, me explicou que o que ele queria dizer é que neste mundo tem muitos habitantes, "habitantas" e "habitantinhos", e que a parte complicada é que as pessoas ficam o tempo todo nascendo. Ou seja: vai chegar uma hora em que não vai caber tanta gente e, quando isso acontecer, o que vão fazer os que estão sobrando?

Claro que os que estão sobrando somos nós, os pobres, porque os ricos quase não têm filhos. É que os pais dos ricos têm outras maneiras de se divertir.

Jaiminho

ONTEM ACONTECEU DE NOVO: o Jaiminho não saiu de casa pra nada.

Percebi porque fiquei esperando que ele descesse para que visse que já posso brincar desde o quinto degrau da escada.

Mas nada o fazia descer.

Então subi pra ver o motivo. E o motivo é que ele estava morto.

Seus olhos estavam fechados, como se estivesse só dormindo. Parecia até que estava sonhando com uma coisa bonita, pois parecia muito contente. Mas acho que não, porque duvido que quisesse morrer.

Quem sabe, né? O Jaiminho sempre disse que queria evitar a fadiga. Agora, evitou a fadiga pra sempre.

O Professor Girafales nos ensinou que a palavra "inflação" não quer dizer somente que algo está inflado, mas também que as coisas estão cada vez mais caras.

Por isso, o Nhonho é uma criança mais cara do que eu, pois está tão gordo quanto um balão bem inflado. Eu, por outro lado, pareço um balão bem desinflado, portanto, sou uma criança muito barata.

Queria ser uma criança cara, porque as crianças caras comem muito bem todos os dias. Mas são poucas as crianças caras. A maioria de nós é barata.

O Professor também nos disse que é muito importante saber economizar, porque os que economizam sempre têm alguma coisa quando a inflação chega.

Eu me lembro que, pouco antes de morrer, Jaiminho, o Carteiro, me disse que economizar é o mesmo que guardar. Que a mesma coisa acontece com a memória, porque as pessoas guardam na memória as coisas de que se lembram. Assim, se você não se lembra de alguma coisa, significa que não a guardou na memória.

Isso quer dizer que economizar é bom, mas nem sempre. Só quando você guarda coisas boas. Por exemplo: não é bom guardar lixo, é melhor jogá-lo fora. Por outro lado, é bom guardar um pouco de dinheiro, pro caso de a inflação chegar.

A mesma coisa vale pras recordações. Se você briga com outra criança, nunca guarde essa recordação na memória, porque se você lembrar, vai sofrer de novo.

Também o contrário: se você viveu uma coisa muito boa, então é melhor que se lembre disso a todo momento, porque aí toda hora vai se sentir contente.

E felicidade é quando você está contente.

Ou seja, é melhor guardar na memória só recordações boas. Porque aí pode vir uma inflação de felicidade.

Epílogo

O TEXTO ANTERIOR estava escrito na última página do caderno, e foi por isso que decidimos publicá-lo sob o título *O Diário do Chaves*. Isso não é (nem deve ser) um fim, já que, salvo óbvias exceções, os diários distinguem-se justamente por essa razão: não terem um fim. As exceções costumam ser tristes. Tão tristes, a propósito, quanto aquela que está associada à palavra "fim" quando a vemos num diário anunciando que estamos em suas derradeiras páginas...

Felizmente, este não é o caso do Chaves. O Diário termina porque o caderno não tinha mais páginas a oferecer a este autor principiante. É claro que a vida continua. Termina o cotidiano de escrever, mas segue o cotidiano de a vida acontecer. E dia a dia se acumulam experiências que podem ser narradas em outro caderno (e em outro livro?).

E como é que fica agora a vida que continua? O que acontece com ela?

Fiz tentativas para descobrir. Voltei várias vezes ao parque. Incansavelmente, procurei saber. Indaguei, perguntei. Sentei-me no mesmo banco em que estava quando o Chaves engraxou meus sapatos, no mesmo lugar em que ele havia esquecido seu caderno. Mas tudo foi em vão.

Só me resta uma saída: que chegue às mãos dele um exemplar deste livro, e, se ele achar conveniente, que entre em contato comigo.

Se isso um dia acontecer, não pense, Chaves, que farei um mau uso da nossa possível amizade. Só quero te agradecer. Agradecer infinitamente por tudo o que me ofereceu esse personagem incomparável que é o Chaves.

Trajetória histórica

Por Florinda Meza[15]

[15]Florinda Meza García é atriz, interpretou a Dona Florinda e a Pópis no seriado *Chaves* e foi casada com Roberto Gómez Bolaños. (N. do T.)

PELAS RUAS DE BOGOTÁ se aglomera uma multidão formada por uma quantidade de pessoas que, segundo cálculos oficiais do governo colombiano, ultrapassa três milhões. Inevitavelmente, há empurrões, apertos, desmaios, ataques histéricos etc. Tudo isso em consequência do incontrolável afã de contemplar seu ídolo, ou de tocá-lo, se possível.

Mas quem é essa importante figura que provoca tamanho fervor? Um herói nacional? Um campeão mundial dos esportes? O Santo Padre?

Não. Nesta ocasião, a personalidade não é nada mais, nada menos que uma criança pobre.

Mentira! É um adulto disfarçado de criança pobre, e as pessoas sabem disso! Mas o que é que tem de mais? É que estamos falando do "CHAVES".

Poderíamos recorrer a especialistas em psicologia de massas, e ainda assim seria difícil encontrar uma explicação para o fenômeno. Portanto, é melhor nos contentarmos em expor os fatos.

Tudo começou em um dia de março de 1972, quando o escritor e ator mexicano Roberto Gómez Bolaños (mais conhecido como Chespirito) apresentou na televisão o primeiro episódio do seriado que comoveria um continente inteiro e grande parte do mundo. Neste, o ator, que já tinha chegado à idade adulta há muito tempo, aparecia vestido como uma criança pobre: sapatos velhos (grandes para ele), calça puída, cheia de buracos e remendos, camiseta nas mesmas condições, duas tiras de pano fazendo as vezes de simples suspensórios, e, para completar, um gorro com tapa-orelhas que viria a ser a principal característica de sua indumentária. Carente de tantas coisas, parecia nem ter um nome próprio. Mas nem isso lhe fez falta, porque seu apelido, Chaves, seria ouvido e repetido semanalmente por mais de 300 milhões de telespectadores (e esse número continua a crescer). No seriado, eventualmente, é dito que ele mora na casa número 8 de uma velha, porém limpa, vila, e daí vem seu apelido: Chaves do Oito. Só que, até hoje, ninguém viu essa casa. Por outro lado, ele muitas vezes foi visto refugiando-se em um barril que fica no pátio da vila, o que fez com que várias pessoas dissessem que ali era onde morava o popular Chaves, apesar de ele ter explicado, em inúmeras ocasiões, que o barril era só o que dissemos em algumas linhas deste livro: um refúgio, um cantinho especial que todas as crianças têm e no qual elas costumam se esconder para chorar, sonhar etc.

Ignora-se quem foram seus pais, quando nasceu e de onde veio. Sabe-se, no entanto, que não tem brinquedos e quase nunca toma café da manhã. Apesar disso, em muitas ocasiões, o personagem demonstra otimismo. Talvez porque no fundo saiba, como disse seu criador, que possui o bem mais valioso de todos: a vida.

O seriado tem como objetivo divertir e entreter, e consegue atingir essa meta muito melhor do que qualquer outro programa que a televisão já tenha apresentado (incluindo a dos Estados Unidos). Mas nem sempre consegue esse feito por arrancar gargalhadas do público, porque em várias situações é a ternura que constitui o elemento principal da diversão. Não será justamente essa ternura o fundamento e a explicação do inacreditável fenômeno que o Chaves representa? Porque, além do mais, ele nem é o personagem mais "piadista" do maravilhoso elenco do programa, pois, nesse caso, destacam-se bastante o Seu Madruga, a Chiquinha ou o Quico.

Então o quê? A ternura.

Além disso, o Chaves tem outra característica que o distingue dos demais adultos que chegaram a representar uma criança, na televisão, no cinema, no rádio, no teatro ou em qualquer outra mídia similar: o Chaves não é o menino levado, nem o menino inteligente, nem o bobo demais, nem o bonito — também não é o mais feio —; não, o Chaves é simplesmente o mais meigo.

Independentemente de quanta ternura infinita inspire, de quanto divirta, entretenha ou qualquer outra razão que o valha, o impacto é extraordinário.

Quando sua chegada a Santiago do Chile é anunciada, a euforia popular indica que os estudantes irão recebê-lo no aeroporto em vez de irem à escola, e as autoridades do Ministério da Educação não deixam que isso represente uma falta no calendário escolar, declarando feriado geral e informando que a razão é somente esta: possibilitar às pessoas a oportunidade de verem seu ídolo. Este, então, desfila em companhia de seu popular grupo, seguido por uma multidão que vem desde o distante aeroporto até a porta do hotel onde ficará hospedado.

Noutra cidade da mesma República do Chile, Valparaíso, a multidão permanece horas e horas na porta do hotel, mostrando-se feliz pelo simples fato de o Chaves e seus companheiros acenarem para eles. E mais: a multidão começa a cantar espontaneamente Que bonita vizinhança[16], a música tema da trupe.

[16]Do original *Qué bonita vecindad*, ou *Que bonita sua roupa*, como foi adaptada no seriado *Chaves*. (N. do T.)

Depois, as apresentações ao vivo não só tornam a confirmar a popularidade do Chaves, como também criam marcas inigualáveis. Por exemplo: duas apresentações no mesmo dia (uma pela manhã, outra à tarde), no Estádio Nacional de Santiago do Chile, que tem capacidade para 80 mil pessoas, fica com lotação máxima em ambas as apresentações, como ocorreu na célebre encenação da Quinta Vergara, onde se realizam os famosos festivais de música de Viña del Mar, lugar em que o Chaves e seu grupo bateram todos os recordes de audiência, obrigando grande parte do público a se "instalar" nas montanhas vizinhas.

CARACAS — VENEZUELA

Os funcionários do hipódromo seguem para o trabalho pelo mesmo caminho e à mesma hora de sempre, mas não haviam se dado conta de que, neste mesmo caminho, e à mesma hora, milhões de motoristas dirigem-se a um lugar perto do hipódromo: o espetacular auditório chamado El Poliedro, onde se apresentam o Chaves e seu grupo. Resultado: um engarrafamento impede que os funcionários do hipódromo cheguem a tempo ao trabalho. Consequentemente, as três primeiras corridas acontecem sem que os bilheteiros recebam as apostas, o que faz com que a empresa deixe de ganhar algo em torno de três milhões de bolívares.

Segunda consequência: a partir daquele dia, as autoridades decretam que não haverá mais espetáculos no Poliedro nos mesmos dias em que há corridas no hipódromo.

BUENOS AIRES — ARGENTINA

"Estão loucos", comenta alguém. "O Luna Park só enche quando tem luta do Monzón." Em referência a Carlos

Monzón, o lutador de boxe mais conhecido da Argentina. "Como é que esse grupo mexicano tem a pretensão de fazer cinco apresentações consecutivas neste lugar?"

Foi isso o que disseram ao empresário que havia contratado o Chaves, que sabia o que estava fazendo, pois o espetáculo lotou o gigante e famoso auditório Luna Park não apenas nas cinco apresentações previstas, mas também nas outras que tiveram de acrescentar. Ainda assim, ficou tanta gente do lado de fora, por falta de espaço, que poderiam ter organizado mais sessões extras, não fosse o compromisso de se apresentarem em outras cidades, como Córdoba, Rosário, Mar del Plata, Mendoza, Tucumán, Santiago del Estero e mais, onde também a ocupação foi máxima.

Aqui seria interessante fazer uma pausa para voltar ao mesmo lugar nove anos depois. Quantos *booms* se repetem depois de nove longos anos? Este! Sim, porque a trupe retorna a esse mesmo lugar para fazer sete apresentações, e não só consegue lotar as arquibancadas do Luna Park novamente, como também tem de fazer, outra vez, mais duas apresentações extras até alcançar o insuperável recorde de nove dias consecutivos.

Naquela ocasião, na mesma Buenos Aires, um homem se aproxima para tirar uma fotografia com o Chaves, garantindo que "dentro de dois anos aquela fotografia ocuparia um lugar de destaque na Casa Rosada, residência oficial do governo argentino". Aquele homem se chamava Carlos Menem[17].

[17]Presidente da Argentina entre 1989 e 1999. (N. do T.)

LIMA — PERU

"As pessoas dirigiram-se ao aeroporto até de bicicleta para receber o Chaves." É isso o que dizia a nota do jornal referindo-se à chegada do célebre personagem. Mas a multidão não se limitou a chegar da maneira que pôde; além disso, derrubou a cerca que delimita o espaço das pistas de aterrissagem e as invadiu, exigindo uma operação de resgate por parte da segurança do aeroporto para poder tirar os atores mexicanos em ambulâncias que vieram em seu socorro. O tráfego aéreo sofreu um atraso de duas horas, tempo que o exército levou para retirar (sem usar de violência, evidentemente) as mais de 50 mil pessoas da pista.

PANAMÁ — PANAMÁ

Depois de ter lotado todos os locais onde se apresentaram, Chaves e seu elenco são convidados à casa do senhor Demetrio Lakas, presidente da República. No encontro estão presentes ministros do gabinete, o governador da província do Panamá e muitas personalidades.

SAN JUAN — PORTO RICO

O prefeito entrega as chaves da cidade ao Chaves. Não há lugar na ilha onde não o conheçam. O público lota todos os lugares onde o grupo se apresenta, em San Juan, ou em Ponce, Mayagüez, Arecibo, Aguadilla, Bayamón e outros.

NOVA YORK — ESTADOS UNIDOS

Madison Square Garden, cenário de luxo reservado exclusivamente para as grandes celebridades do universo do espetáculo. Claro que uma dessas celebridades é o Chaves, que consegue lotar o complexo com um público que não para de rir ou aplaudir ao longo de toda a apresentação. Ao término do espetáculo, um policial negro aproxima-se do Chaves e diz, em inglês:

— Não sei uma única palavra em espanhol, mas você é maravilhoso! — E aperta sua mão efusivamente.

SÃO PEDRO SULA — HONDURAS

Chaves e seu grupo não conseguem entrar no hotel onde se hospedariam porque uma multidão, tendo descoberto que ficariam lá, invade o local e uma área equivalente a três quadras em volta. Com isso, veem-se forçados a se hospedar num lugar secreto.

GUATEMALA, EL SALVADOR, NICARÁGUA E COSTA RICA

As ideologias podem ser diferentes, mas o fervor popular volta-se para um só objetivo: o Chaves. É possível que existam problemas na região, mas isso não impede que os locais sejam insuficientes quando se apresentam o Chaves e seu elenco.

A história se repete no Equador, Uruguai e Paraguai. Não são apenas os lugares abarrotados de pessoas que atestam o mencionado fervor popular: o fenômeno adquire características de ordem sociológica a partir do momento em que, por exemplo, o presidente da República da Colômbia oferece uma recepção para o Chaves na própria Casa Civil, onde tanto ele quanto seus ministros tiram suas gravatas para que a reunião assuma um caráter mais descontraído.

E, na sequência, as frases características.

Um taxista de Buenos Aires diz:

— Imagine, não é nada... não posso cobrar daquele que levou tanta felicidade pra minha casa.

A primeira-dama de Viña del Mar, no Chile:

— Façam-me o favor de receber esta casa de presente. É a única maneira de pagar a alegria que vocês proporcionam aos meus netos.

O diplomata da Guatemala:

— Vocês são os melhores embaixadores que o México, ou qualquer outro país, já enviou a estas terras.

Um político da Costa Rica:

— Chaves, se você concorresse à presidência deste país, ganharia com 99% dos votos.

Uma criança de San Juan:

— Toma aqui, Chaves, só tenho dois dólares, mas são pra você comprar sapatos novos.

Uma criança de El Salvador (que estava na Cidade do México):

— Fiz essa viagem do meu país até o seu, de carona, só pra te cumprimentar pessoalmente, Chaves!

Crianças, adolescentes, idosos, homens e mulheres de todo o continente:

— Obrigado, Deus os abençoe, obrigado, obrigado...

Um professor de uma escola equatoriana:

— Recomendo que meus alunos não percam o programa do Chaves. É mais proveitoso do que muitos livros que vemos por aí.

O menino que vende lembrancinhas aos passageiros de ônibus em Guatavita, na Colômbia:

— Olha, Chaves, aqui tenho um exemplar seu! — E mostra um Chaves entalhado em madeira, que usa no pescoço.

Depois: — Toma, Chaves, fica com este de presente! — E entrega a mercadoria que vendia.

Depois, o Chaves invade o Brasil (dublado para o português, é claro) e, em pouco tempo, a audiência da série ultrapassa os índices dos programas de televisão da Xuxa, a insuperável estrela local.

Depois, Chaves cruza o oceano, mas não fica apenas na Espanha, onde seu sucesso é geral e imediato, se estendendo por muitos outros países. As dublagens permitem que se escute o Chaves em italiano, russo, chinês, hindu, etc.

Um dia, a História terá de registar tudo o que diz respeito a esse fenômeno. Para mim, enquanto isso, fica a satisfação de ter participado desta inigualável trajetória, que comprovo por intermédio deste Diário do Chaves.

Biografia do Autor

por João Victor Trascastro

ROBERTO GÓMEZ BOLAÑOS foi escritor, ator, cantor, produtor, diretor, dramaturgo, humorista, poeta e cineasta. Nascido na cidade do México em 21 de fevereiro de 1929, tornou-se conhecido por ser o criador e intérprete dos mundialmente conhecidos personagens Chaves e Chapolin Colorado.

Filho do meio de Elsa Bolaños Cacho (1902-1968) e Francisco Gómez Linares (1892-1935), Roberto cresceu na companhia de seus irmãos, Francisco (1926-2000) e Horacio (1930-1999). Na adolescência, chegou a cursar Engenharia no ensino médio profissionalizante do Colegio Francés Morelos, sob influência de seu tio, Óscar

Em 1956, casou-se com Graciela, sua primeira esposa e mãe dos seus seis filhos: Graciela, Cecilia, Teresa, Marcela, Roberto e Paulina. Na mesma época, após um anúncio de jornal feito pela agência de publicidade D'Arcy, decidiu se arriscar e conseguiu uma vaga como redator publicitário.

Sem histórico na área, escreveu jingles, campanhas publicitárias e, pelo senso de humor, começou a escrever programas de rádio, TV e filmes para os humoristas Viruta e Capulina. Foi com a dupla, inclusive, que começou a atuar, quando faltou um ator e somente ele sabia o texto, por motivos óbvios. Além disso, como redator do programa *Cómicos y Canciones*, tornou-se concorrente dele mesmo ao também assinar os roteiros do programa *El Estudio de Pedro Vargas*, humorístico que disputava o mesmo horário em outra emissora.

Em 1969, após certo sucesso em quadros cômicos dentro do programa Sábados de la Fortuna, Roberto ganhou seu próprio espaço, escrevendo e atuando em *Los Supergenios de la Mesa Cuadrada*. Mais tarde, em 1973, criou seriados para os personagens mais famosos nascidos nos anos anteriores: *Chapolin Colorado* e *Chaves*, finalizados em 1979. Nesse período, passou a se relacionar com Florinda Meza, com quem se casou oficialmente em 2004. Eles não tiveram filhos, pois Roberto já havia feito vasectomia.

Além de ter seguido no ar com todos os seus personagens por mais quinze anos, dentro do programa *Chespirito* (1980 a 1995), Roberto escreveu, produziu e atuou em filmes como *El Chanfle* (1979) e *Charrito: Um Herói Mexicano* (1984), este o único que chegou oficialmente ao Brasil, e peças como *Títere* (1984) e *11 y 12* (de 1992 a 2009, em turnê).

Em 1995 lançou seu primeiro livro, este *O Diário do Chaves*, seguido por *...Y también poemas* (2003). Em 2006, supervisionou a criação da adaptação em animação de Chaves. No mesmo ano, lançou sua autobiografia, *Sem Querer Querendo: Memórias*. Já no ano seguinte, criou a Fundação Chespirito, dedicada a realizar ações sociais em favor de jovens mexicanos em situação de vulnerabilidade.

Em 2012, foi homenageado em uma celebração que uniu público e canais de televisão de toda a América Latina e Estados Unidos, em um evento chamado *América Celebra a Chespirito*. Foi a última grande homenagem recebida por Roberto em vida.

Roberto Gómez Bolaños faleceu em casa, na cidade mexicana de Cancún, em 28 de novembro de 2014, aos 85 anos, ao sofrer uma parada cardíaca. Após ser velado na sede da Televisa e, depois, em uma cerimônia para milhares de pessoas no Estádio Azteca, foi sepultado no Panteón Francés, na capital mexicana.

Álbum de fotografias do Chaves

O início de Chaves, ainda em 1972, como quadro do programa *Chespirito*.

Em cena, Chaves (Roberto Gómez Bolaños) e o vendedor ambulante chamado de "Roupa Velha" (José Luis Fernández) no esquete *Remédio Duro de Engolir*.

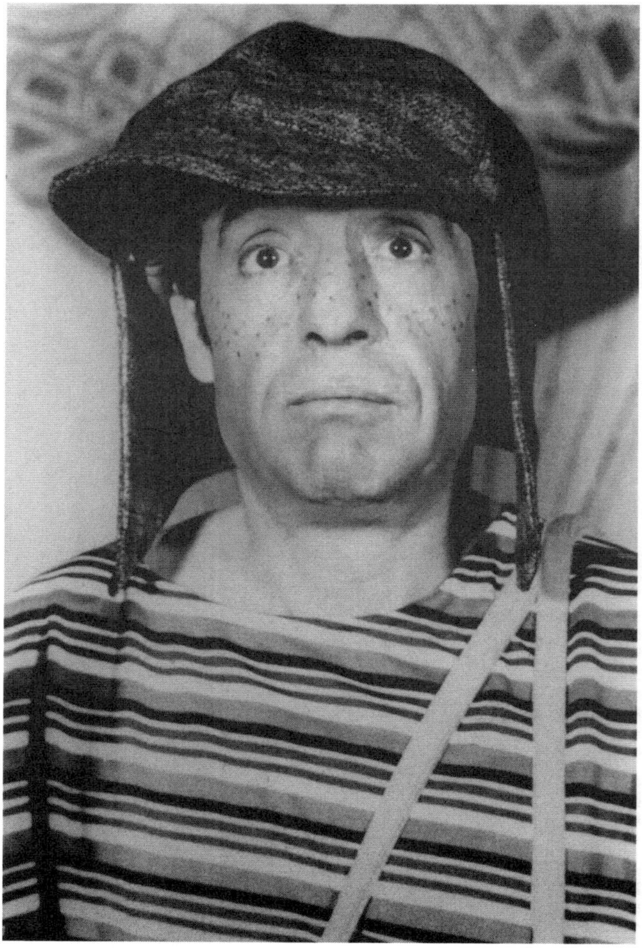

Chaves em foto tirada para o episódio *Recordações*, de 1977. Aqui, o Chaves está com uma roupa nunca antes utilizada, pensada como *flashback* de como eram as vestes do garoto menos puídas, já que ele era mais novo.

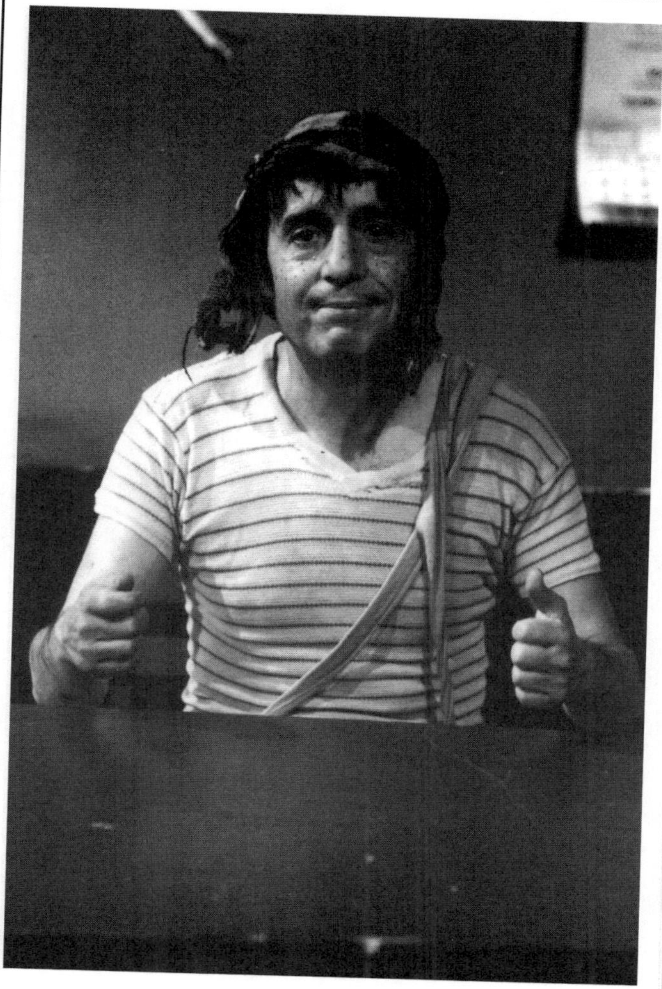

O gorro do Chaves mais utilizado foi se desfazendo, até ser trocado em meados de 1977.

Chaves (Roberto Gómez Bolaños) nos bastidores da série em 1977.

Chaves (Roberto Gómez Bolaños) nos bastidores da série em 1977.

Chaves (Roberto Gómez Bolaños) nos bastidores da série em 1978.

Ensaio de Roberto Gómez Bolaños como Chaves na temporada de 1981 do programa *Chespirito*.

Ensaio de Roberto Gómez Bolaños como Chaves na temporada de 1981 do programa *Chespirito*.

Ensaio de Roberto Gómez Bolaños como Chaves na temporada de 1981 do programa *Chespirito*.

Ensaio de Roberto Gómez Bolaños como Chaves na temporada de 1981 do programa *Chespirito*.

Ensaio de Roberto Gómez Bolaños como Chaves na temporada de 1981 do programa *Chespirito*.

Ensaio de Roberto Gómez Bolaños como Chaves na temporada de 1981 do programa *Chespirito*.

Ensaio de Roberto Gómez Bolaños como Chaves na temporada de 1981 do programa *Chespirito*.

Ensaio de Roberto Gómez Bolaños como Chaves na temporada de 1981 do programa *Chespirito*.

Ensaio de Roberto Gómez Bolaños como Chaves na temporada de 1987 do programa *Chespirito.*

Ensaio de Roberto Gómez Bolaños como Chaves na temporada de 1987 do programa *Chespirito*.

Ensaio de Roberto Gómez Bolaños como Chaves na temporada de 1985 do programa *Chespirito*.

Ensaio de Roberto Gómez Bolaños como Chaves na temporada de 1985 do programa *Chespirito*.

Ensaio de Roberto Gómez Bolaños como Chaves na temporada de 1985 do programa *Chespirito*.

Ensaio de Roberto Gómez Bolaños como Chaves na temporada de 1985 do programa *Chespirito*.

Ensaio de Roberto Gómez Bolaños como Chaves para a divulgação das temporadas de 1991 e 1992 do programa *Chespirito*. Foto também utilizada na capa da primeira edição mexicana de *O Diário do Chaves*, em 1995.

Este livro foi composto em AngiePro 10 e impresso por
Imprensa da Fé em agosto de 2025